池田光佑・小松正弥
奥 武輝・木本好信・元治豊光・丸山顕誠——◉編

外記日記 逸文集成

岩田書院……史料選書9

岩田書院

渡辺将史──◉装幀

目 次

解　題

池田　光佑

『外記日記』は、太政官の外記が記録した公日記である。公日記には、『殿上日記』『内記日記』『近衛陣記』などが知られているが、その中でも『外記日記』は最もまとまった記文が伝わっているため、国史編纂の史料や政府記録に関する研究において注目される史料である。

『外記日記』の逸文については、玉井幸助氏によって最初に触れられ、橋本義彦氏、平田俊春氏、小山田和夫氏らによりそれぞれ蒐集され、(1)その成果は今回の『外記日記逸文集成』編者の一人でもある木本好信が、自身の蒐集した逸文と合わせ、二四六条にのぼる詳細な一覧表を作成し、発表していることで知られている。(2)また、『外記日記』に触れる論考として、西本昌弘氏、小口雅史氏、松薗斉氏、細井浩志氏などの論考が挙げられ、(3)逸文についても三橋広延氏などにより、木本の二四六条以降に新たに蒐集されているものもあるが、(4)紙面の都合もあるので、ここではこうした先学の成果について深くは触れないが、その点はご容赦いただきたい

『外記日記』の成立については、『外記日記』の最上限逸文を巡る先学諸氏の見解に相違があるものの、(5)平安朝になってから記録されるようになったのは確実であり、公日記として位置づけられることとなったのは弘仁年間が有力視されている。

これは、『類聚符宣抄』第六・外記職掌にみえる弘仁六年(八一五)正月廿三日宣旨に、本来内記の職掌として『令義解』職員令にも規定がある「御所記録」を、内裏行事に参画する大臣の稽失を検出するため、以後外記にも記録させ、顧問に備えさせせることになったこと、そして、同十二年七月十三日宣旨(『類聚符宣抄』第六・請印)

には「諸捺印并勘返之文、其参入外記之所㆑知也。後有㆓可㆑問事㆒、須㆑問㆓其外記㆒。自㆑今以後、令㆑載㆓其外記於日記㆒」と、『外記日記』が前提とされている内容が見受けられることによる。但し、天長六年（八二九）には諸節会の日に近衛府によって外記の参入を拒んだ事例（天長六年十一月十六日宣旨（『類聚符宣抄』第六・外記職掌））もみられ、後に『延喜式』左右近衛府に諸節会での外記の参入が規定されて改善されるなど、徐々に外記が記録を取れる態勢が整備されていった。

そして、仁和二年（八八六）七月三日宣旨（『類聚符宣抄』巻六・外記職掌）で、「就㆓庁座㆒聴㆑政参議已上、須㆔外記毎日記録、一月二度進㆓蔵人所㆒」と規定され、『外記日記』は毎月二度蔵人所に進上され、また外記局にも納められた。『外記日記』が、『局記』『外記文殿日記』『文殿記』『番記』等と呼称された所以である。

このように記録として整備された『外記日記』は、先例勘考の典拠として重用されていくことになる。紙面の関係で実例を挙げることは控えるが、儀式の際の先例引勘は非常に多い。特に、『西宮記』や『北山抄』のような詳細な儀式書がまだ整備されていなかった時代には、『外記日記』に対する依存が高かったとみられ、儀式の際に重要な役割を担っていたことの証左である。

また、儀式の場に生じた需要によって、『外記日記』は外記局を離れて用いられるようになり、一方で様々な形で貴族たちに吸収されていくこととなった[6]。『小右記』では、記主実資の父実頼の日記である『故殿御日記』（『清慎公記』）について『外記日記』の利用度が高く、引用回数は六〇回を超えている。更に『小右記』では、外記によらず実資自身が、『外記日記』を所持して引勘している場合もあり（長和四年（一〇一五）六月三十日条）、個人で筆写した『外記日記』を私蔵するといったことも行われていたようである。

このように、『外記日記』は平安時代を通じて先例勘考の典拠として信頼される記録であった。一方で、その維持については比較的早い時期から問題を抱えていたようである。『台記』久安三年（一一四七）六月十七日条には、内大臣藤原頼長が『外記日記』及び『殿上日記』を復活させた際、『外記日記』に関して大外記中原師安の言として、久安年間に至るまでの経緯がみえる。それによれば、『外記日記』は「上古」には「当直史生」、「中古」以降は「依﹂無﹂俸禄﹂」によって、史生が当直しなくなり、代わりに「六位外記」が記すようになったと伝えている。

このように、日記作成に関わっていたとみられる史生の待遇が悪く、史生の待遇について改善を図った（永延三年（九八九）五月十七日宣（『類聚符宣抄』第七・左右弁官可任内官事））が、事態の好転にはつながらず、その後「六位外記」が記すようになった『外記日記』だが、織部正大江通景により記録されて以降、記されなくなっていたことが既述の『台記』にみえる。

また、保管面において、『外記日記』の料紙は特別に堅厚紙を使用すること（延長五年（九二七）正月六日宣（『類聚符宣抄』巻六・文譜））となり、後の利用に耐えうるよう対策がとられていた。ただ、史生が功績をたてるために、料紙を自弁していたという記録もみえるので、早々に図書寮からの料紙の供給が滞っていた可能性もある。

その後、料紙の出所はともかく、良質な紙を用いて記録された『外記日記』は、それが災いして良質な紙を狙ったとみられる盗難に遭ったことがしられる（『水左記』治暦二年（一〇六六）七月十日条、『江談抄』、『台記』仁平元年（一一五一）二月十日条など）。

その他、先述にある貴族による利用のために持ち出された後、返却されなかった等の理由で紛失していくことになった結果、一時二百巻欠けることもあった（『扶桑略記』治暦三年（一〇六七）四月二十七日条）。この欠失は、盗難の前に中原師任が大外記に在任中に書写したものが、子孫の師平のもとに伝存されていたため、それを新写して治暦三年四月に文殿に納められている（『江談抄』第二、『水左記』治暦三年四月二十七日条）。

この『外記日記』をめぐる危機的状況に「後世何以知﹂朝家之事﹂」と嘆いた藤原頼長は、大外記中原師安の意見を入れて「最末外記」に記録の役を命じ、その復興を図り、その後は一時『外記日記』が記録されていることがみえる。しかし、『外記日記』の復興に熱心だった頼長は、まもなく保元の乱で横死し、『外記日記』もその後いちじるしく書かれなくなり、厖大なものであった『外記日記』もやがて散佚していったとみられる。

このように、残念ながら『外記日記』は散逸してしまっているため、私日記や部類記によって伝わる逸文としてのみ伝わっている。このうち、一部条文は『外記日記』との明記がない条文であるが、土田直鎮氏の残存逸文の検討によって導かれた『外記日記』の人名表記と一致する等の先学の成果に基づいて、本書でも条文として採用している。(7)

また、本書では、主に公日記であったころの『外記日記』を対象としている。近年、中原氏の私日記として記録された『外記日記』の尊経閣本(古写本)が「尊経閣善本影印集成」(八木書店)として発表されているが、中原氏の私日記としての『外記日記』は、この『逸文集成』では収録していないので、その点についてはご承知いただきたい。

また、『大日本史』をはじめとする近世の諸文献には「外記日記」として多くの記事が引かれているが、これらは『外記日記』を基本史料として編まれた『本朝世紀』より収録されたものであるため、本書においては『本朝世紀』(新訂増補国史大系本)所収の記事は省いた。

もちろん、まだ編者が看過している逸文も存在しているかと思われる。実際、先述の木本の成果に沿いつつも、適宜追加すべき条文を拾い、それは索引等の作業に移っても続いた。これで完璧であるとはいえないであろう。しかし、この公日記である『外記日記』逸文は、管見の限りでは条文が一所にまとめて収録されているものが存在せず、ここにまとめて収載することは意義があることと考える。今後の『外記日記』研究の一助になれば幸甚である。

註

(1)玉井幸助『日記文学概説』(国書刊行会、一九八二年)、橋本義彦「外記日記と殿上日記」（『平安貴族社会の研究』、吉川弘文館、一九七六年）、平田俊春『私撰国史の批判的研究』（国書刊行会、一九八二年）、小山田和夫「『日本三代実録』と「外記日記」―「外記日記」逸文紹介」（『日本古代史学論聚』、駒沢大学大学院古代史部会、一九七九年）、『三代実録係年史料集成』（国書刊行会、一九八二年）。

（2）木本好信「外記日記について」（『平安朝日記と逸文の研究』、桜楓社、一九八七年）。

（3）西本昌弘「儀式記文と外記日記―「弘仁格式」序の再検討」（『日本史研究』三〇二、一九八七年）、小口雅史「内記日記と外記日記」（『古記録と日記』上、山中裕編、思文閣出版、一九九二年）、松薗斉「外記局の変質と外記日記」（『日記の家―中世国家の記録組織―』、吉川弘文館、一九九七年）、細井浩志「九世紀の記録管理と国史」（『古代の天文異変と史書』、吉川弘文館、二〇〇七年）。

（4）三橋広延「「外記日記」逸文一条」（『文化史史料考證―嵐義人先生古稀記念論集』、同刊行委員会編、二〇一四年）。

（5）岩橋小弥太「文殿長案と外記日記」（『上代史籍の研究』第二集、吉川弘文館、一九五八年）、土田直鎮「古代史料論」（岩波講座『日本歴史』二五、別巻二、一九七六年）、早川庄八「「天慶」と「天応」」（『日本歴史』四一七、一九八三年）、小口註（3）、橋本註（1）、西本註（3）、細井註（3）論文など参照のこと。

（6）私日記による『外記日記』の引用は、主に過去の事例を引勘したものであるが、一部私日記の執筆のため直近の儀式の記録を確認した可能性が考えられるものもある。

（7）土田直鎮「平安中期に於ける記録の人名表記法」（『日本歴史』七二、一九五四年）。

凡例

一、『外記日記』の逸文を編年順に収録し、年未詳のものは末尾にまとめた。

『母后代々御賀記』『政事要略』（巻三十、御画）は「外記日記」の注記が無いが、人名表記法などを考証して比定し、本書に収録した。

ただし、後世の諸記録に「外記日記」と引かれる『本朝世紀』は収録していない。

収録にあたっては、各史料末に出典を掲げた。また、年ごとに年号の小見出しを付したが、改元年は改元後の年号とした。

一、翻刻にあたっては、以下のようにした。

1古体・異体・略体文字は原則として常用字体を用い、句読点・並列点などは適宜施した。

2割注については、二行とはせずに文字を小さくして【 】を付して区別した。なお、二行割注内の2行割については《 》で示した。

3欠損文字については□、［　］とした。

4以下の校訂注は（ ）で示した。

・説明注や疑問のある時は、（○○カ）として参考に付した。

・文字に疑問がないが意味の通じないものには、（マヽ）と傍注した。

5人名等の説明注も（ ）で示した。

・官職名などによる人名表記については、概ね年毎に比定して（ ）内に氏名を傍注した。

・即位前の天皇の人名表記は親王とし、在位中は天皇、譲位後は上皇・法皇とした。

6編者による補足説明は、＊で示した。

一、各出典の刊本および所蔵先は、以下の通り。

新訂増補国史大系

『政事要略』『続日本後紀』『公卿補任』『日本紀略』『百錬抄』『帝王編年記』『釈日本紀』『扶桑略記』『大鏡』

大日本古記録

『貞信公記』『貞信公記抄』『九暦』『小右記』『九暦記』『九条殿記』『御譲位并御即位記（岡屋関白記）』

増補史料大成

『妙槐記』『山槐記』『左経記』『台記』『宇槐記抄』『平戸記』『吉記』

史料纂集

『吏部王記』『権記』『園大暦』『師守記』

図書寮叢刊

『御産部類記』『玉葉』『仙洞御移徙部類記』

群書類従

『年中行事秘抄』『本朝月令』『江談抄』『宇槐雑抄』『主上御元服上寿作法抄』『年中行事秘抄』『小野宮年中行事』『菅家御伝記』『三節会次第』『御禊行幸服飾部類』『本朝皇胤紹運録』

続群書類従

『祈雨日記』『初任大臣大饗雑例』『改元部類』『御遊抄』『中外抄』『文永七年宸筆御八講記』『宸筆御八講記』『永久元年記』『南都大衆入洛記』『朝覲行幸部類』

続々群書類従

『東寺長者補任』『大法師浄蔵伝』

神道大系

『西宮記』『北山抄』『菅家御伝記』

源氏物語古注釈大成叢刊

『花鳥余情』

尊経閣善本影印集成

押小路本『局中宝』

古典資料類従

梅沢本『栄花物語』

宮内庁書陵部蔵

伏見宮本『母后代々御賀記』、九条家本『大嘗会御禊部類記』、柳原本『立坊部類記』、九条家本『御即位部類記』、九条家本『村上天皇御即位部類記』、柳原本『朔旦冬至部類』(『宮内庁書陵部蔵柳原本 朔旦冬至部類 影印と翻刻』)、伏見宮家本『東宮御元服部類記』、藤波本『洞院家廿巻部類』、藤波本『洞院家記』

内閣文庫蔵

山科家本『大御記』、引馬文庫本『院号定部類記』、中御門本『天皇御元服記』、押小路本『天皇御元服記』、紅葉山文庫本『礼儀類典』

外記日記逸文集成

《延暦九年》

延暦九年閏三月十五日、外記別日記云、延暦八年十二月廿八日辰時、皇大夫人（高野新笠）崩於中宮。今上（桓武天皇）即位之日、尊為皇大夫人。祓事。

（『政事要略』巻二十九、追儺）

追儺事止。天応・延暦例也。件年之例、国史不可随。外記無記文。而右中弁朝経（藤原）朝臣許問、曰延暦九年外記記文具載此由。以彼被行也。

（『権記』長保三年閏十二月二十九日条）

《延暦十年》

仍俄有定、被問先例於外記。延暦十年八月（三日）内宮神殿焼失、神明御躰不損者。廃朝之事日記不載左右。

（『大御記』承暦三年二月二十一日条）

《弘仁十四年》

外記、雨儀、弘仁十四年四月廿七日、辛亥、今皇帝（淳和天皇）大極殿即位記。【儀同元正。】

前一日、弁官率所司装束大極殿。其五位已上着標。礼服并諸衛服大儀。立大儀仗。中務省率内舎人、列左近仗南。大舎人・主殿寮執威儀物立東西。図書・主殿寮焼香、及立八咫烏日月形。十八之女嬬、威儀之命婦等、供設一如元正儀。但依雨下庭湿、略有改行。皇太子（正良親王）幄設昭訓門北廊第四間。大臣幄設同門南廊第三間。親王位設延休堂。宣命大夫并参議已上位昌福堂。五位已上位含章・含嘉二堂。六位已下位承光・明礼等堂。被叙位人位暉章・修式二堂。【式部暉章堂、兵部修式堂。】

平旦、大臣（藤原冬嗣）就幄。辰三剋、皇帝出常宮、御大極殿後房。次皇太子就昭訓門廊外幔。【雖参入不朝拝。仍彼版位并謁者位、先令撤。】内記持位記莒、置大臣前。召式兵二省給下名。又召給位記莒。即出於朝集堂以南、召鼓。式部列刀（脱アルカ）禰。【恒例五位已上於朝集堂前庭列。而此度於堂上列。六位已下於朱雀門南庭列。而此度於朝集堂以南列。】訖閤外大臣令槌外弁鼓。諸門鼓皆応。【殿下鼓不応。】乃開章徳・興礼両門。大伴・佐伯両氏自先、【左大伴弥嗣、右佐伯巻継。】

率門部、坐於会昌門。少納言入立殿上。大伴・佐伯開会昌門。閤内大臣令槌召鼓。諸門鼓皆応。于時、式部権大輔橘朝臣常主、権少輔大枝綱成、兵部権少輔安倍蔵嗣引被叙人、入会昌門東西扉、【式部東、兵部西扉、】直趍立堂上。次群官入同東西扉、各併自廊直趍移於堂上。【堂与廊間度板。】于時、殿下撃鉦一下。皇帝服冕服、就高座。十八女嬬奉翳復本所。宸儀初見。(諸脱カ)仗者倶称警。群官磬折。典儀曰、再拝。賛者承伝。宣命大夫□(版カ)位宣制云々。群臣称唯。拝舞如常。訖典儀曰、再拝如先。振万歳旗。次掃部寮取位記机、安暉章・修式両堂上退出。次式・兵両省承位記莒、置机上退出。【掃部、式・兵等三司、須入会昌門東西扉。而随便候会昌門東西小門腋。直出置□了。】式部就机授位記。兵部亦如之。訖式・兵・掃部等撤机・莒。被叙者於堂上拝舞。訖殿上侍従進、当御前称礼畢。十八女嬬奉翳垂帳。次殿下撃鉦。槌退鼓、群官退出。御輿還宮。

此日、弾正尹佐味親王、此及時宣制、於堂上顚流僵臥。呼音一度。以驢音従者走入、来助提退出。諸人驚詭。号曰脚気。自辰剋雨止、天霽。其宣命如左。位(在カ)記録長案。

現神止大八州国所知天皇詔良万止宣勅乎、親王・諸王・諸臣・百官人等・天下公民衆聞食宣。掛畏岐明神坐、倭根子天皇良我皇乃、此天日嗣高座之業乎、掛畏岐近江乃大津乃宮尓御宇之天皇乃、初賜比定賜部流法随尓、仕奉止仰賜授賜(衍カ)閇波、頂尓受賜利懼利、進母不知尓、退母、、、(不知尓カ)恐美坐止久宣天皇勅聞食□(宣カ)。然皇止大坐弖天下治賜君波、賢人乃良佐乎得天、天下乎波平久安久治賜尓在止奈母聞行須。故是以大命坐宣久、朕雖拙劣、親王等始弖、王等・臣等乃、相穴奈比奉利相扶奉牟事尓依弖之、此仰賜比授賜閇流食国乃天下之政波、平久安久仕奉閉之止奈母所念行。是以以正直之心天、天皇朝庭乎衆助仕奉止宣天皇勅、衆聞食止宣。辞別宣久、仕奉人等中尓、其仕奉○○(状随)尓、冠位上賜比治賜天(夫カ)。又大神宮乎始天、諸社乃祢宜・祝等尓給位一階。又左右京・五畿内鰥寡孤独乃不能自存乃人等給御物央(夫カ)。又諸国乃飢公民尓賜流借貸稲乃未納、悉免賜止久勅天皇大命乎、衆聞食止宣。

（『御即位部類記』）

雨儀弘仁者大極殿十二堂現在。於堂上行雨儀之由、見外記々。

（『妙槐記』文永十一年三月二十六日条）

《天長元年》

天長元年十二月九日記云、大納言緒嗣（藤原）有身病、久蟄愛宕第。今年春有勅語、令近侍宮城辺行政務。自四月五日遷曹司、居住在太政大臣厨家西町。重注上日云々。

（『宇槐記抄』仁平元年二月十日条）

《天長九年》

天長九年十二月廿九日（廿四日カ）、外記日記曰、此日春日内親王薨云々。

（『西宮記』臨時五、東宮）

《承和六年》

承和六年正月二日、外記々云、乙卯、是日例（依カ）卯杖奏、可御紫宸殿。而依芳子内親王薨日之近、不御南殿。辰三刻、東宮傅右大臣（藤原三守）及春宮大夫文室（秋津）朝臣、亮藤原貞守等、令賚御杖。入自日華門、置殿上。取引而退出云々。于時内侍執而奉清涼殿。【依芳子内親王服仮、皇太子（恒貞親王）不参入。】儀式已訖。公卿共参嵯峨院（嵯峨上皇）。次参淳和院（淳和上皇）。次参東宮（恒貞親王）。无拝礼。但召東陣、聊給白散。賜禄有差。

（『西宮記』臨時五、東宮）

《承和七年》

承和七年六月辛亥（七日）、外記日記云、不行衆僧布施。所謂无所得者也。

（『続日本後紀』承和七年六月辛亥条）

《承和十年》

承和十年（六月一日）、参議従四位上滋野朝臣貞主講。外記日記、注博士散位正六位上菅野高年。

（『西宮記』臨時二、講日本紀博士等例、頭註）

《貞観元年》

而外記云、彼年（貞観元年）九月（三日）主上（清和天皇）未着美服。十日内豎音奏云々。

（『山槐記』元暦元年九月三日条）

《貞観五年》

貞観五年賭弓日（正月十八日）、左大将（藤原良相）依病不参。右大将（源定）薨。而有賭事。是外記日記也。

（『西宮記』恒例第二、七月、相撲事）

《貞観十三年》

外記記云、貞観十三年四月七日、大納言昭宣公（藤原基経）、執奏。依雨儀不着宜陽殿、停二省（式・兵）儀式。

（『西宮記』恒例第二、四月、擬階奏）

貞観十三年八月、釈奠。依去月廿八日勝子内親王薨、停止講説・宴飲。依彼例可停。今日事是日記文也。不得具記。

（『貞信公記抄』承平二年八月八日条）

貞観十三年十月一日、依有太皇太后（藤原順子）崩事、自今日至于七日、外記政停。但不止諸司事。十月五日、太皇太后葬於安祥寺。具在記文者。十月七日、停警固之事。下符伊勢・近江・美濃等国。亦諸陣解警固。皇帝（清和天皇）自去五日服錫紵即釈。近侍者随之脱素服。又有上宣、召陰陽寮令勘申始政之日。十月八日勘申。以上日記。

（『権記』長保元年十二月五日条）

《貞観十四年》

貞観十四年正月十四日、外記日記云、八省（朝堂院）最勝会了。宣命如常。但音楽不調。大納言已下参如例。於大裏（内）不召論議（義カ）。【去年九月祖母太后（藤原順子）崩。仍今年正月諸節会停止。】十七日、射礼停止云々。

（『左経記』長元元年正月十二日条）

《貞観十七年》

貞観十七年六月四日、未時、黒雲蓋庁。官庁南門白雪花散者。

（『小右記』長元二年八月二日条）

《元慶五年》

元慶五年十一月廿三日、丁卯、公卿以下諸衛府舎人已上不卜。但供奉神事諸司七十二人卜食也。諒闇(清和法皇)也。但准拠承和七・九両年之例也。

（『政事要略』巻二十六、新嘗祭）

《元慶八年》

去元慶八年正月、太政大臣(藤原基経)殿大饗如常。但主人大臣不出客亭。右大臣源多早到行事。是所注外記日記也。

（『九条殿記』承平六年正月三日条）

元慶八年記云、主人大臣称病不出客亭。右大臣(源多)早到行事。今日准彼例。

（『吏部王記』承平六年正月四日条）

元慶八年(九月三日)穢遍満之由見外記々。

（『山槐記』元暦元年九月三日条）

《仁和四年》

仁和四年日記云、九月三日、丁酉、無内裏御燈之事。

（『小右記』寛弘八年九月一日条）

《寛平二年》

外記々云、寛平二年五月廿三日、戊申、大納言藤良世卿聴政。遠江国検損使治部少輔藤原梶長等、為申返事祗候。而判官依不具不申。上卿於右近陣召右少弁(源)希宣云、遠江使依不具不申返事。宜使所進於弁官之勘定公文、早下所司者云々。

（『西宮記』臨時一（甲）、申交替使返事、裏書）

《寛平三年》

外記日記云、寛平三年正月十三日、太政大臣(藤原基経)薨。【昭宣公。】

正月十四日、御斎会了。無音楽。【依太政大臣薨也。】又停止論議者。

(『左経記』長元元年正月十二日条)

外記日記云、寛平三年十一月廿四日、庚午、休也。此日於鴨明神、有奉幣帛并走馬之事。勅使右兵衛督藤原朝臣高経率遊男廿人、参上下社。皆着青摺。歌舞如例。其遊男左右近少将侍従殿上蔵人衛府判官等奉仕。見之者車馬甚衆多也。

(『政事要略』巻二十八、賀茂臨時祭)

《寛平四年》

宇多天皇母后【太皇太后班子。式部卿仲野親王娘、号洞院后。】

寛平四年三月十三日、丁巳、於后町有中宮六十【或四十、】賀事。常寧殿東庭構舞台、鋪以繍【西宮記繍ノ上、錦ノ字アリ。】餝以桜花。東廊掖同為楽所。舞人皆簡定五位已上子童候之。於左兵衛庁、先一月教習諸舞。南軒廊内立黒漆柵厨子六基、各(居脱カ)唐菓子并雑菓子等。其下階各居瓷壺四口。同廊西列立朱漆唐櫃六十合、殿南庭列立飯櫃六十合。【云々。】麗景殿西廂敷親王公卿座。一品式部卿本康親王、二品是忠親王、三品中務卿貞保親王、四品兵部卿惟恒親王、□□□(虫損)貞固親王、貞元親王、上野太守貞平親王、上総太守貞純親王、右大臣(藤原良世)、大納言源能有卿、中納言源光卿・藤原諸葛卿、参議同時平朝臣・源直朝臣・藤原有実朝臣・同国経朝臣・就之設食如常。親王公卿執盃。少外記安倍安直、少内記藤原菅根、率史生就門内東掖座。初舞春鶯囀、次楊(酔カ)胡楽【十五人。】次散手、次万歳楽【六人。】次陵王、次打球楽【八人。】右大臣感舞態之功(巧カ)。率侍臣四人望砌携舞。于時親王、公卿皆起座、就壇上平敷。【云々。】給親王及中納言□□(已上カ)各白衾一条、参議赤衾一条、受之各退出。

同十四日、有後宴事。中納言藤原諸葛卿、参議藤原時平卿著左近陣座、召中務省并内記等、行叙位事。男叙六人。三品是貞親王、【后腹(班子女王)。】従四位上藤原有穂、【后宮大夫。】正五位下平朝臣好風、【亮。】従五位上藤原朝臣有命、【大進。】従五位下藤原恒尚、【少進。】当宗朝臣秋永、【大属。】女叙三人。

(『母后代々御賀記』宇多天皇母后)

《寛平六年》

大臣(藤原公季カ)引見寛平(寛平六年四月十七日)外記日記云、有警固北陸・山陰・山陽・南海等道要害叶余定申者。

（『小右記』寛仁三年四月十八日条）

《寛平八年》

寛平八十三(十三)、幸朱雀院。同日幸尚侍済(淑)子(藤原)家。被(献)物於天皇(宇多)云々。【在外記日記。】

（『西宮記』臨時五、被物事）

《寛平九年》

外記日記云、寛平九年七月三日、丙子、卯二点、皇太子(敦仁親王)乗輦車。出自東宮、参入内裡。午二刻、於清涼殿加元服。大夫時平(藤原)卿加御冠、権大夫菅原(道真)卿加手、左中将定国(藤原)理御髪。次天皇(宇多)御南殿。諸衛服中儀。時平為内弁、菅原卿受宣命、就位宣制加元服并譲位之由。親王以下両拝。

外記々、寛平九年七月二十日、乙未、有御卜。先是、陸奥国言上、安積郡所産女子児、額生一角、角有一目。出羽国言上、秋田城甲冑鳴。大極殿豊楽殿上・左近大炊屋上鷺集会事等也。

（『扶桑略記』巻二十三、裏書）

《昌泰元年》

外記々、昌泰元年三月一日、庚午、日食。

（『扶桑略記』巻二十三、裏書）

《昌泰二年》

昌泰二年十一月十九日、己酉、自内裏奉遣鴨使。是朱雀院太上天皇(宇多)恒例、奉遣臨時使也。今上(醍醐)相伝、始自今年被行也。

（『政事要略』巻二十八、年中行事、十一月賀茂臨時祭）

《延喜元年》

昌泰四年閏六月晦日、有大祓朱雀門者。是外記日記。

（『小右記』長和四年六月三十日条）

昌泰四年外記（四月カ）々、左大臣（藤原時平）入自左青璅門云々。

（『北山抄』巻三、拾遺雑集上、読奏事）

《延喜三年》

延喜三年十一月二十日、【外記日記。】右大臣（源光）宣、奉勅、諸国受領之官、依辞退被停任者。四ケ年間不給位禄并勿預節会。自今以後立為恒例者。

（『年中行事秘抄』正月）

《延喜七年》

延喜七年十一月廿二日、乙未。【外記々曰、廿三日丙午（申）。】

（『扶桑略記』延喜七年十一月二十二日条）

《延喜八年》

延喜八年正外記々記曰、設穏座奏催馬楽者。

（『西宮記』恒例第一、正月（一日）、節会）

《延喜九年》

外記日記云、十二月四日、乙丑、右大臣（源光）参入内裏、有官奏事。又今月有三卯。以十八日己卯立春。而大神祭依例、擬用中卯。荷前之事、自可為立春之後也。因之、右大臣仰大外記菅野吉平令勘申。即勘申云、勘太政官式云、季冬献幣諸山陵、用立春前吉日、貞□（観カ）択大神祭後立春前之吉日。又云、若有三卯、用中卯、有二卯用上卯者。依此等文案之、今月雖有三卯、而中卯是立春也。然則如今年季冬之月有二卯、無三卯者。因之、右大臣奏定云、此冬大神祭、以六日上卯可令奉仕之状、於陣頭、被召仰左大史丹波岑行已了。

（『本朝月令』四月）

《延喜十二年》

延喜十二年外記（四月一日）記云、无拝失也。然而邑上仰云、延喜間无此拝。御記不見失由、不可有也。

（『北山抄』第一、年中要抄、四月朔日、旬事）

《延喜十六年》

（延喜十六年十月二十二日）延喜外記々云、入自敷政門。

（延喜十六年十月二十二日）延喜外記々云、此間少監物和気雅文等率大舎人、入自日華門到宜陽殿西廂砌下、賜御鑰退出。

（延喜十六年十月二十二日）延喜外記々云、大臣（藤原忠平）令賚詔書旧案於三統理平、度階下到弓庭殿執奏。奏訖還左近陣。此間、左近陣閇長楽門。次左近衛立胡床於南階東西。于時大臣（藤原忠平）賚位記・詔書於内記二人、西（度）庭奏、如前儀。復陣座。即中務少輔藤原朝臣朝見給詔書。此間少監物和気雅文入自日華門納鑰退出。少納言平朝臣安典令賚印盤於少主鈴長岑利用、率左近将監藤原忠家入自日花（マヽ）門進立軒廊南庭。先是、主殿官人改却陣前班幔於西方。主鈴利用到宜陽殿西廂給印。輿少納言共進立案下。主鈴置印案上、退立前所。即中務大輔源国淵朝臣入自敷政門、進跪大臣前、給入位記筥、進置案上。加手輿少納言、捺印位記奉大臣。如受儀、【宣旨一人、乳母二人。】進出。次主鈴納印輿少納言退出。大臣令持件位記於内記、到弓庭殿覆奏了、還陣云々。

（延喜十六年十月二十二日）延喜外記々云、各當屯食中間而立。

（延喜十六年十月二十二日）延喜外記々云、諸衛舎人二百人云々。

（延喜十六年十月二十二日）延喜外記々云、治部省率雅楽寮、於日月華門外、各奏一曲之後、入自同門、経春興・安福等両殿壇下到承明門橋下、北面而立。奏大唐・高麗各四曲。還退出。其後王卿酒酣奏糸竹云々。

（『西宮記』臨時七、皇太子元服）

《延喜十七年》

（延喜十七年十月十一日）外記々云、中納言（藤原）定方於東福門東方脱弓箭就座云々。召使給宣命復座云々。

（『西宮記』恒例第三、九月、奉幣、頭註・脚註）

十一月十三日外記記云、（宗岡）秋津久住学舘、年齢已積、頻逢数年之課試、常歎一身之落第。今年適逢天統之間、忽預及第之列云々。

（『江談抄』第四、今宵奉詔歓無極）

十一月十六日、辛卯、是日新嘗祭也。仍無政。晩頭右大臣（藤原忠平）已下参議已上参入、就左近陣座。其後於殿上有叙位儀。

訖大臣已下就議所座。召内記令入名於位記。訖大臣昇殿覆奏。此間時及戌四刻。覆奏之後、依有神事、天皇（醍醐）御神嘉殿。大臣已下扈従。仍不請印位記。

（『政事要略』巻二十六、新嘗祭）

十二月（十日）、大納言道明（藤原）、参議当時（源）聴政。而少納言遅參。外記申其由。即有申文。此間少納言参入、依例請印云々。【外記日記】

（『西宮記』臨時一（甲）、外記政、裏書）

《延喜十八年》

参議式部大輔三善朝臣清行薨。【外記々云、十二月七日、丙午、薨。七十二。】

（『扶桑略記』延喜十八年十月二十六日条）

《延喜十九年》

延喜十九年五月十八日外記々云、御読経結願云々。了僧名巻数等、始自今年令収於局（外記）。是中納言藤原清貫卿奉勅所仰也云々。

（『西宮記』恒例第三、九月、季御読経事）

《延喜二十年》

同年八月廿日、戊寅、午剋、大納言藤原定方卿参着左近陣座。召神祇・陰陽寮官人等、令占申故斎内親王薨卒咎祟有無之由。即占申云、無祟、理運所致者。亦於鴨上下社奉幣使参議藤原恒佐朝臣・左近衛佐平朝臣定文者。

（『小右記』長元四年九月二十三日条）

《延喜二十一年》

外記日記云、十月廿七日、己卯、天晴、右大臣（藤原忠平）就左近陣座。是日依権大僧都観賢申請、授故贈大僧正空海謚号勅書。令賞（賷カ）少納言平惟扶、発遣于紀伊国金剛峯寺。其謚名弘法大師焉。但唯（准カ）弘仁（仁和）二年賜遍照僧正勅書。其承（知カ）和以後日可下請（諸カ）司者。是勅語也。史生浅口守行、使部二人、依旧例相従。少納言即弁官奉右大臣宣、並載已了。

（『東寺長者補任』巻一、延喜二十一年条）

《延喜二十二年》

延喜廿二年十月十七日記云、烏昨秡（昨抜）伝漏杭。仍於蔵人所召陰陽寮令占申。

（『小右記』長元三年九月十六日条）

《延長元年》

延長元年九月十一日記云、事依斎粛猶忌丁穢云々。

（『宇槐雑抄』仁平二年四月十六日条）

《延長二年》

而外記日記不記大臣就否之事。唯去二年（正月八日）、右大臣（藤原定方）為大納言就此座。疑有勅旨歟。

（『吏部王記』延長八年正月八日条）

外記云、延長二年正月廿五日、御賀。中務卿敦慶親王以下同兼輔（藤原）朝臣執捧物惣廿棒。【笋蕨之類、或是影養之物、盛小籠置梅柳枝。】次侍従以下執折櫃物惣廿棒。【菓子等之類也。】入自日華門外列立庭中。【一列親王以下参議以上、一列五位。】名（各カ）奏物各（名カ）記。内膳正忠望王率膳部、入自月花門受捧物出自同門。

（『花鳥余情』第十九、若菜上）

《延長三年》

延長三年七月廿三日、甲辰、於神泉院造龍形二頭。始自今日三箇日被修請雨経。阿闍梨志全、番僧五口。外記日記文也。

（『祈雨日記』）

《延長四年》

仍被勘外記、延長四年（二月四日）后宮（藤原隠子）并長者（藤原忠平）依御服右荷（府）（藤原定方）勤行者。

（『小右記』寛仁四年十一月十日条）

皇后御懐孕、自飛香舎令還御桂芳坊事
延長四年四月十五日、皇后（藤原穏子）明日自飛香舎還御桂芳坊之由、諸司（マヽ）。

皇后御産事
六月二日、丁亥、辰剋皇后於桂芳坊、有御産事。

五夜事
六月六日、辛卯、皇后御産五日也。有裹銭五十貫。

（『御産部類記』村上天皇）

延長四年外記日記(九月十一日)、以下觸内裏穢所司、令行奉幣事者。令仰云、令問供奉所司觸穢之由。随状可行之。

(『西宮記』恒例第三、九月、奉幣事)

《延長五年》

延長五年、外記日記、有死人。自腰已下喫入之事。其時定不可為穢已了。但所申如此。仰依彼例不可為穢也。六月一日。仰民部卿藤朝臣(藤原清貫)等云、納緘書持来之所、可為穢否。令申云、至于文書不為穢。此通例也。但納函者、縦大小相異、猶可謂穢所物。然則可為穢。仰依定申。【去月卅日、典侍護子(藤原)申尾張守文正(藤原)母死去之由書状、納函送之。仍有此定也。】

(『西宮記』臨時一(甲)、定穢事、裏書)

《延長六年》

左侍従陽成院二親王(元平)及奏賀按察大納言(藤原仲平)集八省院集礼。即共昇大極殿。合外記日記定位程歩儀。外記曰、先年日(延長五年一月一日)記、侍従進南栄、西折入第二間立台。右亦如之。

(『吏部王記』延長六年十二月二十九日条)

《延長八年》

故殿(藤原実頼)安和御記云、左府(藤原師尹)送書云、旧主(冷泉天皇)御袍・御笏被奉新主(円融天皇)。而延長八年外記日記(九月二十二日)(衍カ)云、不見此事。是若日記漏失欤。

(『小右記』長和五年正月二十九日条)

延長年間外記(八年十一月廿一日)々云、称警蹕。

(『小右記』長和五年二月七日条)

《承平元年》

四月十七日、発遣御即位由奉幣使。筑後守和気雅文参宇佐宮。於陣頭給宣命。進后軒廊、下給御衣退出。立自内蔵寮。【外記。】

(『北山抄』巻六、備忘略記、宇佐使立事)

四月廿六日、甲寅、左大臣(藤原忠平)并群卿就左仗座。召中務大丞源泉、給改延長九年四月廿六日為承平元年詔書。

(『改元部類』)

余（藤原実資）指夾弯奉送延長九年外記日記（七月二十八日カ）、彼年只当日上行之。非同日。随返上木契、申当日上卿。〻〻執奏而已。

（『小右記』長和五年二月十九日条）

応和二年九月三日、御（村上天皇）仁寿殿。覧真衣野御馬。依雨取手立綾綺殿壇上。両牧一度牽時、度々取之。牽由比、小河・石川・立野之時、後取立野御馬別貢。又後取之。有先後論之時、依外記日記、上卿定下、自御即位年、可定取歟。公家（朱雀天皇）有事時、牽諸牧御馬。准繋飼例、仰左右馬寮、於本寮令分取。【承平元年例（八月二十三日）。】

（『西宮記』恒例第三、八月、駒牽）

今日師業（中原）申曰、勘外記日記、承平元年十月九日記云、官奏事、在左大臣（藤原忠平）里第。仍給上日。

（『宇槐記抄』仁平元年二月十日条）

《承平二年》

七月十一日、日記云、今月五日南殿版位遺犬矢。陰陽寮占申云、可慎兵革云々。

（『小右記』長元三年九月十六日条）

承平二年日記云、九月三日、壬午、依穢雖無御燈、依例廃務。

（『小右記』寛弘八年九月一日条）

承平二年・天慶十年外記々云、依穢雖無御燈、依例廃務云々。

（『北山抄』巻二、年中要抄下、九月三日、御燈事）

外記

承平二年十月

七日、乙卯、左大臣（藤原忠平）於西式（職）曹司、諸卿共定大嘗会御禊日。御前侍従等差文加□（虫損）封給外記。

八日、丙辰、大納言保忠（藤原）参入、被奏此日差文。即返給外記。御前侍従親王已下五位已上卅六人供奉。親王已下五位已上八十二人、諸衛督代四人、留守二人、其夾名遺差文。

九日、□□（丁巳）、召装束司主典氷方盛、給御禊御前並供奉侍従以下差文四巻。又陰陽寮勘申御出門□□等勘文同給之。又右弁官史生貞行（小槻）参向□（虫損）。大嘗会御禊記文三巻。【一巻、元慶八年装束司記文。二巻、同年前後次第司記文。】

廿日、戊辰、左大臣就式(職)曹司、改定来廿五日行禊供奉人等□(御カ)□(虫損)故障替。又中納言恒佐(藤原)卿以下并装束□□(人カ)□等臨東二条鴨川、歴点地作地図進御曹司。

廿一日、己巳、大納言仲平(藤原)卿就左仗。召中務少輔藤原季方、仰補侍従々四位上源兼明□(朝臣カ)之由。召装束司主典氷方盛、仰改替諸衛督代之由。

廿三日、辛未、大納言仲平卿着左仗。被召仰諸衛来廿五日御禊行幸之由。右衛門少尉藤明方着烏帽褐衣候陣頭。然而依事急外記伝仰之。右近衛不参。

廿五日、癸酉、天晴、依大嘗会皇帝(朱雀天皇)行幸鴨河、有御禊事。皇太后(藤原穏子)同輿。出自建春門南行、出美福門東腋門東行、【子細在別。】寅二点装束鼓打、四点到陣鼓打、辰四点進、巳一点行鼓打前。自後次第司等建春門南北立行列。侍従所西門北掖去三許丈立節下大臣床標。次少納言其後左右外記座標、自余諸司標、【行列記在別。】巳二剋、天皇御紫宸殿。親王公卿列立。次少納言源朝臣興平率主鈴大舎人等、自日花門参入請印。鈴櫃立御前。依神事不奏請鈴状。同三剋御輿。【皇太后同輿。】不称警蹕。即出日花門・宣陽・建春門。五位已上出建春門前、乗馬左右相御前南行出自美福門。二条大路暫留御輿。此間諸司諸衛乗馬。午三剋御二条末鴨川、歴頓宮直相殿御鈴印進、置直相殿北方。申一剋召手輿御禊殿□(虫損)御輿退出。侍同殿右西方。主殿寮官人二人着紅染布衣、各捧平□(散カ)候手輿北方、【南西。】次神祇少史占部茂行、宮主捧御祓物率卜部等於禊殿参入。次親王已上(下)参議已上起幄座、参着禊殿南方、【右近陣前平敷座。】同二剋御禊了。即置御直相殿。【同此度称警蹕。】同三剋御障子御座諸陣立警蹕、即居。次御膳益供。同四剋山城介豊原宿禰貞村僚下并右近騎射。府生已下近衛已上共令捧献物列立御前。其員卌人捧。【被物類捧、国司高坏物、近衛府已下持、以皆着兵仗。】即退出。付進物所。左大臣侍殿内。即角平敷座。召左近衛少将平朝臣扶宣、親王已下五位已上見参、早可進之。即節下大臣代大納言藤仲平朝臣仰外記、大外記矢田部公望挿見参□(於カ)文□奉之。大臣代取之。参自直相殿南方跪、付内侍令奏。次縫殿寮舁禄々櫃十二合、運立殿巽角等。時中務少輔藤原朝臣季方於御前唱、親王已下各一々達御前。御禄、【親王納之、白褂、参議紅染衣衾、四位五位黄染衾、其不足処、不染襖子。】此同諸陣并主殿炬火。酉一剋天皇還宮。雅楽奏□(音カ)楽。到御建春門、神祇大副大中臣奥生捧大麻、候御輿北方奏之。御南殿。即少納言奏進鈴之由。親王以下分散。但前後次第使文官申宣旨。帯靭長官已下主典已上皆乗餝馬。親王已下五位已上皆着位袍。諸官人已下着紅染布脇開衣。装束使并外記已下官掌已上皆着藍染縫脇衣。諸衛将監尉等着細布紅染衣、将曹志等着同染衣、以墨摺之。府生苅染紫摺衣。番長已下近衛開(門カ)部、皆青摺衣惣着熊行縢。又装束使幄前。外記史内記史生官掌召使并神祇官人已下給禄有差。【外記史内記各綿十屯、史生各七屯、官掌召使各五屯、使部等各二屯。】

（『大嘗会御禊部類記』朱雀院）

承平・天慶外記記、(承平二年十一月十四日)国司分居云々。

承平・天慶外記々云、(承平二年十一月十六日)別当下殿南行、於観徳堂巽角、率哥人参入云々。

承平外記々云、今日(承平二年十一月十六日)殊有宣旨。諸国入京吏(使カ)、或未赴任、及諸国雑怠輩、皆預見参。但未得解由非此限。

《承平四年》

（『北山抄』巻五、践祚抄、大嘗会事）

三月廿四日、此日、於弘徽殿前、有皇太后(藤原穏子)御賀試楽事。諸司装束殿前立儛台。

三月□□□(廿六日、丙)寅、於后町有皇太后五十賀事。諸司装束、□(常)寧殿東南面懸御簾、殿自中央以東設御在所。【□座、帝皇御座在東。】南軒廊新敷。北三間立三階黒漆棚厨子云々。未二剋、式部卿敦実親王、元平親王、中務卿代明親王、弾正尹重明親王、上野太守常明親王、上総太守式明親王、常陸太守有明親王、右大臣(藤原仲平)、大納言藤原保忠卿・同恒佐卿、中納言同扶幹卿、参議源清蔭朝臣・平伊望朝臣、藤原当幹朝臣・平時望朝臣・藤原実頼朝臣、并非参議・四位・五位、合百人、捧種々献物、自東掖門参入。次童舞十九人参入。右大臣召大外記菅野清方、仰可取諸大夫見参之由。左(右)近中将師頼(輔)朝臣息子童舞納蘇利。儛了間、大納言恒佐卿迎出抱舞童。会集尊卑。左大臣(藤原忠平)已下諸人、不勝感歎。為其舞優妙也。親王・公卿給禄。

三月廿七日、常寧殿装束如昨日。式部卿・中務卿親王、左右大臣已下参入。有舞楽。
三月廿八日、午後、左大臣参入、被行皇大(太)后宮近習男女并宮司等加階叙位事。二品庚(康)子(内脱)親王、【后腹。】従三位藤原兼平、被申□。正四位上平朝臣伊望、【大夫。】正五位下藤原朝臣忠幹、【□(亮カ)。】□(従)五位上々毛野朝臣常行、大進、従五位下藤原□□(令問)・□□□(多治比)助縄、並二人少進。正五位下源朝臣裕子、従五位上藤原朝臣幸□(子)、従五位下藤原勝子。其位記、大納言藤原保忠卿著仗座、令捺印。是依去廿六日御賀不被行也。

(『母后代々御賀記』村上天皇母后)

承平四年外記日記等持来。日記云、四月五日云々。少外記内蔵惟直仰云、大納言藤原恒佐卿宣云、去年春夏季禄(二月カ)不申目録之怠、也(已カ)在式兵両省。是非諸司之過。須除二省之諸司、令捺印彼季禄官符者云々。然則旧例如之。答云。依例可行。但仰可執申事由。

(『洞院家廿巻部類』十)

四月七日、云々。大納言保忠(藤原)卿令持奏文於外記、進右近瀧口陣北。令蔵人式部少丞藤原経臣奏。畢還就陣座、召二省輔。仰宣云、省持罷、依例行者。但件各輔等、依雨降、宣陽殿西廂北第二間砌上、北上西面立、請件宣旨云々。

(『西宮記』恒例第二、四月擬階奏、裏書)

《承平五年》

外記〻説、此日依左大臣(藤原忠平)仰、中納言扶幹(藤原)仰参議当幹(藤原)(朝臣)〻就左仗座。即当幹就結政所令請印官符三通云々。

(『貞信公記』承平五年十二月三十日条)

《承平六年》

見承平六年正月七日外記、内弁大納言恒佐(藤原)卿、位記筥依例当内弁前置台盤上。然内弁召内竪乞(令)【乞前本八本小本共作令。】取下筥置庭南。大失也云々。

(『台記』康治元年正月七日条)

承平六年外記日記(六月十日)、有陰陽寮択申其日之由。

(『西宮記』恒例第二、六月、御躰御卜事)

八月十九日、左大臣従一位藤原朝臣忠平、任太政大臣。仍天皇(朱雀)出南殿事。大臣令奏慶賀。【乗牛車。入自上東門。依無昇殿宣旨、立飛香舎辺、滝口陣下。】次参中宮(藤原穏子)啓其由。出左衛門陣間、外記史前行。大臣留之。右大臣(藤原仲平)以下上官等参入。太政大臣家有饗禄事。
同日外記云、今日以左大臣従一位藤原朝臣任太政大臣。、、、諸司各退散。参太政大臣第儀。同日申一刻太政大臣参入、令奏賀之由。【依去承平二年宣旨、乗牛車出入宮中。今日自上東門乗牛車、就職曹司。即入自建春門、経昭陽舎前参御所。飛香舎辺滝口陣下、令奏悦由。是依拝職之後、未有昇殿宣旨也。】

(『初任大臣大饗雑例』)

《承平七年》

承平外記(七年正月四日)々云、公卿著餝釼。

(中御門本『天皇御元服記』)

外記記
正月五日、戊午、天晴、此日皇帝(朱雀天皇)御於八省院、受群臣拝賀。還御之後、於紫宸殿有宴会。内弁大納言【藤原恒佐卿、】喚舎人。少納言藤原□□入自東扉、進立版位。大納言宣、喚大夫等。次三品元平親王以下入自承明門東扉、就列。四品代明・重明・常明・有明親王、中納言藤原扶幹・同貞(実)頼卿、参議源是茂朝臣・藤伊衡朝臣・同師輔朝臣。但二品敦実親王従陣座昇殿。侍従入自東面扉、相分就列。立定之後、内弁降殿、加立列位。次上寿者中納言陸奥出羽按察使従三位藤原扶幹卿【択寿考者、】進馳道昇南階東間、経簀子敷上西第三間、立御酒器東。詣御酒台所北面立。采女奉御酒一盃、授中納言扶幹卿。即搢笏受盃。進到御座前、授陪膳采女。受盃退跪南廂、進置御前。于時扶幹卿執笏北面跪奏曰、掛モ畏支天皇我朝庭に仕奉る親王等諸王等諸臣等、恐み恐も申賜波久。掛畏支天皇我朝庭、令月乃吉日に御冠加賜比天、百礼具備利万民同悦多天万都留。不勝此大慶之天、謹上万千歳寿許止乎、恐み恐も申賜波久止奏。俛伏、興再拝。群臣皆共再拝。此間陣起。采女取御盃奉進。皇帝挙酒。群臣上下皆舞踏。三称万歳。皇帝挙酒。訖陪膳采女進受虚盃授采女。采女受盃置於台上。上寿者退下就列。其後親王公卿昇殿著座、侍従等著幄座。
【此間陣居。】
（『主上御元服上寿作法抄』）

承平七年外記記云、三月三日、丙辰、依死穢無御燈。而依例廃務。但延喜十九年三月例、雖無御燈、軽服公卿自朔日不参内。
（『年中行事秘抄』三月、御灯依穢雖停止尚忌服者事）

七月十六日。月蝕皆既。相撲楽。
（『小右記』長元四年七月廿四日条）

外記日記（八月十五日）【件記文、年月无所見。】
当日天晴。参議藤原朝臣師輔卿就左衛門陣座。而上卿遅参无政。刻移之後、大納言藤原扶幹卿、参議藤原当幹卿・同師輔朝臣・紀淑光朝臣共着左近陣座。今日信乃諸牧。【大室・新治・宮所・長倉・猪鹿・山鹿。】御馬五十七疋【六十疋内三疋者、有所煩途中留者。】牽進。仍左衛門府儲其饗於陣座。右衛門府進裹銭十貫文。午三刻、大納言以下起左近陣座、移着左衛門陣。【同四年、或人云、縦雖親王、而暫不居当日上卿之上云。仍六七九親王就北面座。】弁少納言外記史等同候之。其座陣路南屋有座二列。北面西上南北対。【親王公卿料。】一列在南。西上北面。【弁少納言料、召使等座在火炬屋北辺。南上西面。但盃自座末参木手転于上﨟弁許也。】路北屋有座二列。南上東面対。【侍従以下外記史料。】中納言藤原実頼卿同又参着。又参議淑光朝臣喚召使、仰侍従可参之由。【同四年、左大弁元方（藤原）朝臣仰左少弁有相（藤原）朝臣令召使喚進。但預申右将也。盃酒四五巡之後、召侍従也。】即参入着座。【左右近衛中将并彼府佐目此座進盃也。】先是主上（朱雀天皇）有可御南殿之儀、自殿上召大臣。爰左大臣（藤原仲平）有障不参。右大臣（藤原恒佐）参入。而不留左衛門陣饗座、便参着左近陣。【大臣参入之間、弁少納言起此座、立板敷下。侍従以下外記史不立。不知何是。】左馬允藤原守文以御馬解文参局。使部取伝奉之。仍少外記三統公忠令持件解文、使部自春花門参入左近陣座令覧【天慶四年九月十三日、右大将実頼卿着左衛門陣座。外記安倍有春執御馬解文覧上卿。々々見了。令持外記、進御所奏覧之。即天皇御出南殿。便候左仗。】大臣。々々即令齎解文於外記向御所、令蔵人奏聞。即返給。【同四年九月解文未奏之間、敷穏座於道中。

即時王卿下居後座。此間右衛門銭十貫置於机上、舁立陣前。王卿穏座之間。弁少納言起座、府着北座也。】又給外記帰着陣座。外記即奉置解文於大臣御前退出。申二点、震儀御南殿。大納言以下此間起左衛門陣座参着左近陣座。内侍臨檻喚人。大臣已下参上。【天慶四年九月十三日右大将実頼卿為当日上卿、欲登殿間、取御馬解文取副笏。若先例歟。上卿先着長押上座。座定之後、依召内侍告起座着簀子敷座。】所司装束。其儀自南廂西第一間至第六間、懸御簾。更北折至母屋障子、同懸御簾。副東御簾北行、立画屏風。自西四五六合三間、施敷広筵四枚。自西五間立大床子為御座。有毯代。当御後三間立五尺画屏風。更南折立同画屏風一帖。第六間東柱東辺簀子敷当日上筵一枚。自南廂西七八九合間南北対敷親王以下座。東廂南第一間敷出居座。左近中将源英明朝臣、入自日花門。【天慶四年九月十三日、左近中将藤原師氏朝臣自陣座直昇殿。】着出居座。【左近将監取版位。】牧監多治基国并左右近衛等牽入御馬、引廻如例。三廻之後、大臣仰云、乗礼。乗各廻行。若有鞚駕者置鞍令騎士乗之。如此之間、自及七八廻。大臣云、下、於利。下後、皆整立殿前。左馬助藤原朝臣有利、【今案、主当寮出来可令立。】罷出。令立了之後、召右馬助源朝臣清重名。同起立師氏次。【西上北面。】次召右近少将藤原朝臣朝頼名、朝頼称唯。起立御橋西。次召右馬助源浣朝臣名、称唯。趁立朝頼次。【東面北上。】大臣云、取御馬。同音称唯。【或上卿仰可取之数令参議示其数云々。未詳。】択取如例。【今案之。向人可先取御馬歟。】毎取申牧名。【出御馬後、奏而還入。又若進馬八十疋則取十五疋。六十疋則取十疋。五十疋則取六疋云々。】御馬名次第如常。左右各取十疋之後、大臣已下下自殿次第給。【天慶四年九月十三日右大将（藤原実頼）取了之後、左将目王卿。々々則下自殿。上卿又同取牽出南階前一拝。出日花門外、経後方還着本座也。】近衛中将以下左右馬寮助已上一々給。各一拝。上中下同。大臣公卿帰昇殿座。出居中将最後下殿座給之畢。

［　　　］後左右馬寮次第取遺馬。又途中所留御馬三疋各申其牧名等。分配給了。【同四年、左右取了。先例置鞍牽於御前。而天皇還御本殿。仍更不令牽。又依入夜不馳。】其後大臣公卿下殿座。与左右近衛中将左右馬寮助等

立殿庭、再拝舞踏。【立桜樹西。異位重行、西面北上。】事了。【同四年、天皇還御本殿。仍於輿屋艮角、有件拝舞。西上北面。参議以上一列。非参木一列。】震儀還御本殿。諸卿以下各退出。

（『政事要略』巻二十三、牽信濃勅旨御馬）

外記日記云、日上外他人自東可廻着陣座云々。

（『九条殿記』承平七年八月廿八日条）

《承平年間》

承平以後外記々、列立版位云々。

（『北山抄』巻五、践祚抄、大嘗会事）

承平以後外記々、列立左仗南頭云々。

（『北山抄』巻五、践祚抄、大嘗会事）

《天慶元年》

五月十九日、外記々、中納言実頼(藤原)卿奏右大臣(藤原恒佐)薨由。召大外記公忠(三統)、問旧例。大略申了。又覧年々日記、即召少納言俊房(源)、給奏文。外記召内豎、仰自今日三箇間不可音奏之由云々。

（『北山抄』巻六、備忘略記、薨奏事）

外記記

承平八年(天慶元年)五月廿二日、戊辰、左大臣(藤原仲平)召外記三統公忠仰云、令召内記者。仍差使部令召之。大内記菅原庶幾参入。【廿二三日内裏御物忌也。仍廿一日蔵人右少弁源相職、蒙左丞相仰、召仰大外記公忠云。明日可被行改年号之事。而当御物忌。宜今夜召内記令候彼所、経宿之後可令書詔書者。即差彼使部召遣内記。仍庶幾参入、今夜宿彼局。】大臣給詔書草仰云、清書可進者。在前。左大臣依太政大臣(藤原忠平)命、仰左少弁兼文章博士大江—(朝臣)朝綱、令作件詔書。又文章博士(大江朝綱・維時)二人勘申年号字云々。清書之後、庶幾持参、奉置大臣御前退出候陣座。大臣乍在陣座、召蔵人右少弁源朝臣相職、令奏件詔書。【雖為御物忌、大臣猶向御所辺、可令奏此詔書。而乍在陣座令奏。是不可為例。】奏聞之後、相職朝臣持帰奉於大臣。大臣召中務少輔源—(朝臣)鑑給之。【自敷政門参入。外記兼召鑑令候陣辺。】鑑持罷於本省。令写一通、宣奉行捺印。差少録御立維宗、令進外記局。外記等即詔書奥続紙、書公卿御名所給。史生品治保実云、明日内各可給御署者。【自上﨟給其御名。】今日事了之後、公卿以下各退出。

詔、朕夙膺慈睠、虔奉叡図。萬姓為心、荷責之憂自切。四海在念、負重之懼弥深。履薄馭朽、九載于茲。而保章司暦、去春奏以厄運之期。坤徳失宜、今夏驚其地動之異、静思彼咎、実疚于懐。方今訪遺風於西漢、畏警誡而開元。検旧跡於先朝、忌革命而改号。是則修徳勝災、与物更始之意也。可改承平八年為天慶元年。大赦天下。今日昧爽以前、大辟已下罪無軽重、已発覚未発覚、已結正未結正、及犯八虐者、皆悉赦除。又一度窃盗計贓三端已下者同放免。但強窃二盗、故殺謀殺、私鋳銭者、不在此限。又承平三年以往調庸未進在民身者、同亦免除。若与善之非妄、何転禍之可疑。宣布遐邇知朕意焉。主者施行。

（『改元部類』）

五月廿八日、甲戌、大雨、地震、中納言藤原実頼卿、参議是茂(源)朝臣、藤原顕忠朝臣参入、着左仗座。被行去廿二日改元詔書復奏之事。其儀大外記三統公忠、以詔書入筥、先奉覧上卿(藤原実頼)。覧後、公忠参進、返給詔書。更差挿文刺候之。午時、掌侍橘朝臣平子参上南殿。於東階随。即上卿起座、向内侍候所。爰外記捧文刺詔書、祗候御共。【候軒廊辺。】至于東階下奉上卿。々々取之、授内侍。【此間外記還入。】内侍受取之後、上卿暫還着陣座。内侍参御所。【謂常寧殿。】奏聞天皇。依例書可字、即返給。内侍持帰出初所候之。上卿即又進起。外記同追従。上卿返受件書、即給外記。受後少退、当軒廊西第二間、倚南向北而立侍。上卿還乃追候之、持出敷政門外。更又入筥奉覧上卿。【是為示天皇可字之由也。】即返給。令持使部還局、加封。差加案主史生一人、送於弁官。受直史一人案主史生一人送於弁官受直史一人案主(衍カ)史生等共相侍。【兼送消息、令相待之。】史受取開封。令弁官史生写一通了。其本加史封、付史生返上已了。外記待取之。開封令続収如常。

（『政事要略』巻三十、御画）

天慶元年九月一日外記記云、近日東西両京、大小路衢刻木作神、相対安置。凡厥体像髣髴大夫頭上加冠鬟辺垂纓。以丹塗身成緋衫(彩カ)色。起居不同、逓各異貌。或所又作女形、対大夫而立之。臍下腰底刻絵陰陽、搆几案於其前、置坏器於其上。児童猥雑、拝礼慇懃。或捧幣帛或供香花。号曰岐神。又称御霊。未知何祥。時人奇之。

(『小野宮年中行事』六月、道饗祭事)

天慶元年九月七日、牽進信乃駒。【申延期及今日。非式日之時、兼召仰本陣令儲饌。】此日諸卿不参。左衛門督卿【師(藤原)輔。】任府之後、未著本陣。仍上卿(藤原師輔)不著左衛門陣。参議当幹(藤原)、淑光(紀)、顕忠(藤原)等著饌座。但上卿在宜陽殿座。奏解文。参木等依上卿命、令召侍従。【参議等雖難進退、依上卿命所召也。】依雨儀於中戸取御馬。上卿著中戸座。左右択取如常。次諸卿已下、依例給一疋、欲奏悦之処、一両人早以退出了。仍遺留之人立敷政門内。【北面西上、依内儀也。今案、御綾綺殿時歟。】奏事由如常。今日取御馬之間。左右有論之。

(『政事要略』巻廿三、牽信濃勅旨御馬)

天慶元年外記日記、十一月五日、是日酉剋、四品勤子内親王薨。

(『本朝皇胤紹運録』村上天皇)

天慶元年十一月九日記云、返給外記。令付(少)納言之由、仍不給少納言、給外記令付少納言。

(『九暦記』天慶六年三月条)

十一月十一日、満三个日、可除錫紵也。而当御衰日。仍及四个日所除也者。

十一月十二日記云、四品勤子内親王今月薨。【主上(朱雀天皇)御姉】。去九日薨奏。同日服御錫紵。同十一日満三ケ日、可除錫紵也。而当御衰日。仍及四今(ケ)日所除也者。

(『小右記』万寿四年十二月七日条)

《天慶二年》

外記日記

中納言従三位兼行左衛門督藤原朝臣師輔宣、奉勅、式部卿敦実親王、左大臣藤原朝臣(仲平)宜聴乗輦車出入宮中及諸節会之日、不著列随便参入者。

天慶二年十月八日(一脱カ)　少疏文式並奉。

件輦車宣旨、依先例只給弾正・検非違使等、不給外記。

然而為備勘據写□（取カ）続了。

（『小右記』万寿二年十月三日条）

《天慶三年》

外記記云（二月五日）、此日申三点、信濃国飛駅使馳来。其奏文云、上野国去十五日牒、今日亥刻到来偁、安陪（倍）忠良今日巳時馳来申云、平良□□（文夜）半馳来申云、平将門今月十三日、於下総国辛島郡合戦之庭、為下野・常陸等国軍士平貞盛・藤原秀郷等、被討殺畢者。今日仁王会夕講未了之前、有此奏文云々。

（『大法師浄蔵伝』）

天慶三年二月廿七日、癸亥、天晴、中納言藤原師輔卿、参議同元方朝臣聴政。此日大内記三善文明、草陸奥飛駅勅符。先令令（衍カ）覧式（職）御曹司、覧了返給。先是中納言師輔卿、参議源高明朝臣著宜陽殿西廂座。戌剋、内剋。内記文明持来勅符、置上卿前。外記持副於勅符承知之官符。同置上卿前了。上卿官符加入勅符筥、令持大内記紀朝臣在昌参入御所。付右中弁藤原朝臣在衡奏聞、御画日了。還著陣座。内記於上卿前置勅符等退出。此間掃部寮敷畳二枚軒廊北庭。【東上南北相対。】又立印案。主殿寮当両座間西方生炭了。上卿令陣官人召内竪、入自日華門、来立軒廊南方。上仰云、召少納言。【謂少物申。】内竪称唯退出。少納言橘朝臣実利、率中務大輔源国淵朝臣、大内記在昌朝臣、文明、並主鈴二人、参入著座。【少納言中務輔主鈴等著南座、内記著北座。】先是将監候陣座。上曰、近衛司。将監称唯、進候庭中。上曰、印。称唯、退出従宣仁門。上又曰、少納言。称唯、進膝突座。【物進者。皆候膝突。】上曰、印。少納言称唯、率主鈴経軒廊著南廊。此間主鈴暫留日華門外。取飛駅使之所随身鈴追従。此間将監入自内相従。【先是外記随身鈴納局。臨事令主鈴受件鈴。令持司人候日華門外。件事不見式文。換日記。而今依式。御曹司仰所定行。】退以件鈴納印辛櫃。取印少納言還著案下。主鈴置印退立。上曰、少納言。称唯、進候。上曰、問時。少納言称唯、還案前。召内竪二声。内竪称唯。未進之間、少納言仰云。問時。内竪即申云、時戌三。【式曰。少納言召内竪。々々称唯。立少納言後、仰云。問時者。而未参進之前。仰此事已違式文。】少納言又進申云、時戌三、即著本座。上曰、内記。【内乃記司。】内記称唯候。上賜勅符云注。内記称唯、還本座。御画日左辺記時剋。進置上前、又還本座。上曰、中務省。大輔源国淵朝臣称唯候。上賜勅符。【乍納筥給之。】国淵朝臣退立案許。上曰、少納言。称唯進候。上賜承知官符。【乍納筥給之。】少納言先標印於勅符。中務輔取其端、捺印訖。輔以勅符返置上前、了著座。此間少納言令主鈴捺印於官符了。少納言持官符、還本座請印。【官符可置上前云々。而今案式、即留便不復奏者。以此案置上前者非也。】上令持勅符於内記。【此度召内記不挙名。合眼召之。非也。】復奏了。召少納言賜勅符。少納言還著座、令主鈴函封了。即令内記於函上頭記賜其国之字。押緘之処書封字。其緘下右注飛駅字、左注日月時剋。令内記於革嚢短冊記賜其国飛駅函字及年月日時剋。又函左注副官符一通字。【印符副在函外。同納嚢中。】記著已訖。令主鈴納於嚢中。少納言与輔主鈴一人留、余皆退出。【出者。経日華門出授。】少納言取嚢申云、封了。上曰、取鈴。少納言称唯。授嚢於輔。率主鈴取嚢、申云。封了。上曰、取。少納言称唯、授嚢於輔。率主鈴并将監、著辛櫃納印。取鈴還著本座。輔以嚢授少納言退出。少納言令主鈴著鈴了。返授。【此間、主鈴退出。】少納言進候。申云、著鈴。【如式者。乍居屋可申也。而進申者非也。】上曰、賜陸奥国。少納言称唯。還座唱主鈴名、主鈴称唯。少納言後以函授主鈴。主鈴還又立前所。少納言仰云、賜陸奥国飛駅函給之。主鈴称唯、鳴鈴走出。少納言共出。仰事由給使。【此事已在式文。而月来不被行。】

(『政事要略』巻三十、御画)

官庁史四人。天慶三年四月一日、三人外記注違例由。

(『西宮記』臨時一(甲)、外記政、裏書)

天慶三年十月廿三日記云、蔵人式部丞源信明仰奏時、内豎申云、今日辰一剋許、酉一刻杭紛失。仍召陰陽寮令御占。申云、西方有兵革事云々。

(『小右記』長元三年九月十六日条)

《天慶四年》

国忌日行季御読経例。【外記日記。】天慶四年三月十七日。

天暦元年三月二十二日、同三年三月十七日。治安二年三月二十二日。

（『西宮記』恒例第三、九月、季御読経事）

同四年十月十六日、雨儀。丞於正庁砌上、承召。年来、省称旧例、准他事者、可謂違失。外記日記、注失礼也。【天暦元年・天禄二年・同四年、立西庁。】

（『北山抄』巻七、都省雑例、任郡司事）

《天慶五年》

天慶五年三月十日、甲子、天晴、大納言藤原実頼卿、中納言同顕忠卿、参議藤原元方朝臣、同忠文朝臣、同在衡朝臣著宜陽殿西廂座、被行意見詔書事。大内記橘直幹以草案奉覧大納言之後、復奏已了。次清書亦奉覧上卿、即復奏之。給中務大輔源国淵朝臣。子剋、上卿已下退出。

（『政事要略』巻三十、御画）

《天慶六年》

天慶六年五月廿七日、甲辰、降雨、午時、大納言藤原師輔卿、中納言源清蔭卿、参議源高明朝臣参入。著宜陽殿西廂座。即召外記十市有象参入。上卿仰云、可召中務輔并内記者。仍令召中務少輔橘朝臣南金。依召参候。但少内記菅原文時去廿五日奉上卿仰已了。而今日為問故右大弁源相職朝臣七々日態、罷向普明寺已了。仍執申此由於上卿、仰云、先日奉仰已了。而他行不候。早差幹了使部、可召遣者。差使部馳遣畢。須臾文時馳参、進上卿御前、承仰奉覧詔書。上卿即令賷内記文時進於御所。付蔵人左近衛権少将藤原朝臣敦敏、奏件詔書。奏聞之後、上卿還著本座、召外記有象参入。上卿仰云、召中務省。少輔南金朝臣参入、著膝突座、給詔書退出。詔書覆奏。

（『政事要略』巻三十、御画）

六月〔十日〕、納言以上不参。参議忠文（藤原）朝臣依召参入。丑（巳ィ）時奏之。参議奏例未聞。然而納言不参、臨時所被行也。【九条記。忠文朝臣、令付内侍所之由、見外記之記。】

（『北山抄』巻二、年中要抄下、六月、奏御卜事）

《天慶七年》

後日彼年（天暦四年）見外記日記、有式部・弾正。但天慶七年（四月二十二日）有二省・弾正。

（『小右記』寛仁元年八月九日条）

天慶七年九月十四日、信乃御馬六十疋牽進也。王卿依例著左衛門陣。此中右大臣（藤原実頼）・左大弁在衡（藤原）著宜陽殿座、定秋季御読経請僧。仍不給御馬。

（『政事要略』巻二十三、牽信濃勅旨御牧）

十二月廿四日、中宮（藤原穏子）令年満六十筭。雖可存御賀止其事。仍准延長四年上皇御例以来、廿八日可修諸寺誦経之由被定。

使々【七大寺、東大寺（マヽ）、延暦寺、同西塔院、法性寺、極楽寺。】

七大寺以五位為使。自余四位為使。大外記公忠（三統）行此事。

廿八日、丙寅、今日為奉中宮六十筭、被修諸寺諷誦。施於員有差。諸寺等見廿四日内蔵寮修諷誦文。

（『母后代々御賀記』村上天皇母后）

《天慶八年》

引見故殿（藤原実頼）天慶八年（二月十日）御記、触穢人著行、依外記日記所被行云々。

（『小右記』万寿二年八月二日条）

天慶八年八月十三日外記記云、今日令退伊勢斎女王（徽子女王）使中臣権少副（神祇）大中臣頼基発向大神宮。仍為令奏今日宣命草、昨日自殿上令召中納言源清蔭即参入。欲奉宣命問左中弁好古（小野）朝臣伝勅語云、自今月四日内裏触死穢。其由者侍従藤原頼忠朝臣到著故右大将保忠（藤原）卿家。件家触死穢事。頼忠朝臣与甲者同座。今月三日穢也。四日頼忠朝臣参内裏。然則以内裏為丙所。参内公卿可謂丁穢。仍後参上之上卿已下其身不可穢。雖然件宣命草今日於禁中不可奏。明日於左衛門陣外可行。是仁和二年・延喜十五年九月・承平七年十二月例也云々。今日可発件使。上卿清蔭卿、暫著左衛門陣座。召大外記三統公忠、問云、今日事如何、可行乎。申云、先帝（醍醐）御時、延喜之間、或有被忌丁穢之時、延長元年九月十一日記云、事依斎粛猶忌丁穢云々。然則准仁和二年九月等例令持宣命於内記、給中臣使如何云々。給太政大臣(藤原忠平)里第色紙、召不穢内記於外記局令書宣命。上卿手不取之、於建春門前給之云々。

天慶八年外記日記、丁穢人【清蔭卿。】行奉幣事。但手不取宣命。神事忌丁穢之故也。

(『宇槐雑抄』仁平二年四月十六日条)

天慶八年十月廿八日外記日記云、有宮内省置死児之穢、有内裏之疑。而不知其置死人之程。依太政大臣(藤原忠平)申令神祇官卜之。卜云、不可為穢者。

(『西宮記』臨時一(甲)、定穢事、裏書)

《天慶九年》

外記々云、同日(天慶九年四月七日)、【九条大納言(藤原師輔)。】執奏。二省用雨儀。立陣座南。東上南面云々。【于時主上(朱雀天皇)御綾綺殿。以宜陽殿従去元年為公卿座也。公卿不著陣座。】

(『西宮記』恒例第二、四月、擬階奏、裏書)

天慶九年四月十五日外記日記云、天皇(村上)即位。仍為奉五畿内七道諸国天神地祇幣帛【五畿内以諸司物充用。諸国以当国正税充用之。】使毎道差神祇中臣・斎部等也。【各給駅鈴一口。但不給畿内使。】

(『小右記』長和五年二月二十六日条)

【冒頭虫損。】(四月二十二日、壬午カ)賀茂□告以斎内親王(婉子)不替。【案先例、天皇(村上)受禅之後、賀茂斎王若不替時、卜定伊勢斎宮之次、同定件斎王事、令告其由。而此般賀茂祭当廿五日、斎王行禊、立在明日。仍今日被申此由歟。】巳二刻、天皇初移御綾綺殿。【天皇自為太弟之時、御飛香舎。今於彼舎指綾綺殿、是中宮(藤原安子)□。】訖大内記橘朝臣直幹付宣命文覧大臣(実頼)。々々付蔵人奏。公卿著宜陽殿座。于時三品元平親王参□、親王前□勅許帯劔。今日解劔参入。腰□。爰大臣示親王云、□勅許劔(帯脱カ)如故者。即帯劔即了。同三剋、天皇御腰輿、出□御建礼門。先是諸司装束、【天皇受禅之後、御此門前、被発件奉幣之例、在貞観年。而彼年記又不注装束。仍昨夕装束使左中弁大江朝綱朝臣参太政大臣(藤原忠平)第蒙処分。仰云、宜准奉荷前幣時者。今日装束頗准彼時。又昨日主殿寮申云、天皇御建礼門并中院之時、必候腰輿。而今事在禅位之初、若候何輿于(乎カ)。将蒙処分者。少外記三園千桂申右大臣。右大臣便差千桂、令申太政大臣□(私カ)第、仰云、任例猶可候腰輿者。仰彼寮已了。】其儀、同門前立五丈幄二宇。【東西為妻。以苫□(葺カ)其裏。苫下立瓊(軽カ)幄。是為御在所。】以外板敷幄下板(衍カ)上施長筵。瓊幄之内立大床子、其辺廻立太宗(大宋)屏風二帖。大床子巽方、隔以書屏風。其内置半畳一枚、其前施筥(荒カ)薦安幣物。又大床子御座乾角立廻書屏風一帖。其内立御椅子一脚、其南施畳二枚、【為内侍候所。】又同門内西方立七丈幄一宇。【南北為妻。】以南三間為御厨子候所。次二間為主水司候所、北二間為候御輿之所。【各以幔相隔。】御在所東南西并三面、懸廻斑幔。其巽方在屏門、其内置版位二枚。【中臣忌部版也。中務省置之。】御在所東屏幔之外、立五丈幄一宇。【東西為妻。是為親王公卿座也。】其東一許丈立五丈幄一宇。【東西為妻。少納言・弁・外記・史・内記座也。史生・官掌・召使等座在□(虫損)座東。】王卿幄南四許丈立五丈幄一宇。【東西為妻。是召王大夫、賜宣命文之所也。】春華門西、修明門東、懸幔為垣代。【如射礼時。】□(頃カ)者、天皇召舎人二声。大舎人四人、於屏幔外同音称唯。少納言源朝臣泉代参入、就版膝行、一同八省院儀。又中臣忌部等参入、賜幣物并如式。訖右大臣起座、不向幄座、召使神祇伯忠望王、授宣命文。訖天皇還宮。親王公卿著宜陽殿座。又大臣以斎王(英子内親王)不替之□(由カ)宣命文授使。参議伴保平朝臣受之退出、伝授次官。今日近江国給勅符。覆奏使権少目大鹿長仁到来。弁官取奏状付外記。而今日依廃務不奏。

中伊勢大神宣命文云、

天皇我詔旨度、掛畏支伊勢度会乃五十鈴乃河上乃下津石根仁大宮柱広敷立弖高天原仁千木高知弖称辞定(竟)奉る(留カ)天照坐皇大神乃広前仁恐美恐美母申賜□(倍カ)止申久。今月廿八日太上天皇遜宝位礼給比詑(託カ)助(朕カ)身介賜弖天日継爾令登賜へ(倍カ)利。畏利辞申賜倍度母不被許仁依弖、今日廿八日可即位状乎王従四位上行神祇伯兼伊予権守忠望王・中臣神祇祐正六位上大中臣朝臣公節乎差使弖、忌部神祇少副従五位下斎部宿祢春行爾弱肩仁大手繦取掛弖、礼代能大幣乎持斎利令捧持弖奉□(出)賜布。掛畏岐皇大神此状乎平久聞食弖、天皇朝廷乎宝位無動久、食国乃天下母無事久平平(衍カ)安(久脱カ)護賜比矜賜倍止恐美恐美毛申給へ(倍カ)止申。

中賀茂宣命文云、天皇我詔旨止、掛畏岐賀茂皇大神能広前仁申賜倍止申久。婉子内親王、太上天皇能去承平元年十二月廿五日仁阿礼乎止如(女止カ)御杖代仁斎定弖奉給倍留内親王奈利。方今天祚改仁依天、旧例能随爾択(衍カ)替弖可令斎仕之。而件内親王波無物妨依弖奈利。更不改替弖、如旧仁令奉仕倍支。此状乎為令申仁、官位姓名差使弖、礼代乃大幣乎令捧持弖奉出賜布。掛畏岐皇大神平久聞食弖、咎祟不致給弖、天皇朝廷乎宝位無動久、常磐尓、(堅磐尓脱カ)夜守日守仁護賜比幸賜弖、天下康寧久万民安楽久風雨順時弖、万穀豊登世之女賜止、恐美恐美母申賜久止申。

廿三日、癸未、少外記三園千桂取近江国覆奏函、入莒覧大臣。々々令外記開函、付蔵人令奏之。訖以奏文賜弁官、令造報符。即参議源庶明朝臣・少納言大江朝臣朝望等、著結政所請印。訖下弁官。又差定御即位擬侍従。左、四品有明親王・【依被申病由、改三品重明親王。】刑部卿源清遠朝臣・少納言橘朝臣実利。右、四品行明親王・右京大夫源寛信朝臣・少納言代左近衛佐源朝臣兼材等也。今日賀茂斎内親王行禊也。又今日例、依賀茂祭有警固召仰。而自去十九日諸陣警固。仍更无召仰事。

廿四日、甲申、少外記三園千桂蒙右大臣宣、召仰今月廿八日巳二刻可有天皇御即位之由。於縁(催カ)事諸司。

廿五日、乙酉、天晴、今日賀茂祭也。仍諸司廃務。

廿六日、丙戌、今日申刻遣使山階(天智)、柏原(桓武)、嵯峨、深草(仁明)、後田邑(光孝)、後山階陵(醍醐)、宇治、【昭宣公墓(基経)。】後宇治墓【昭宣(公脱カ)室人康親王女墓也、今上外祖母。】等、告以今月廿八日可有御即位之由。使依例納言已下也。

申山階陵宣命文云、天皇恐美恐美毛申給へ止申久。太上天皇厚矜を垂賜弖、天之日嗣を授賜加(倍利カ)不堪る状(乎脱カ)、再比三比畏利申給へ止不許賜須。故是以大御坐処乎掃潔侍弖、以今月廿八日弖即位(弖脱カ)、天之日嗣乎戴荷知(茂脱カ)守仕奉へ支状乎恐美恐美毛申賜波久止奏。又申久、掛畏岐山階能御陵能矜賜波牟厚慈乎蒙戴弖之天之日嗣能政波平久、天地日月止共守(尓脱カ)仕奉へ之止思食事乎、恐美恐美毛申久止奏、自余之陵准之。

又申宇治墓宣命文云、天皇我詔旨良万止故太政大臣昭宣公乃墳墓尓詔止勅命乎聞坐止宣。太上天皇厚矜乎垂賜弖、天之日嗣乎授賜□(布カ)。故是以大御坐処乎掃潔弖以今月廿八日弖即位給へ之(衍カ)。惟公乃厚慈仁依弖之(衍カ)天之日嗣乃政波□(平)久天地月日止共仁守仕奉止へ之思食事乎、官位姓名乎差使天、詔勅命乎聞坐止宣。

又申後宇治墓曰、天皇我勅命乎聞坐止宣久、来廿八日仁天日嗣高御座仁即賜之倍。故是以官位姓名乎差使弖、宣止波久申。此日伊勢固関使復奏使到来。弁官取奏文付外記。外記覧上卿。々々令外記開、即付蔵人令奏、訖下奏文於弁官、令造報宣旨。須依例給官符。而御禅位之後、有政。仍准寛平九年之例。只下宣旨。又大納言師輔卿召外記仰云、明日可有叙位之儀。宜召仰所司者。即召仰了。又今日大内記橘朝臣直幹持太上天皇尊号詔書之草、覧大納言。上卿起座付蔵人令奏。更令清書之後重奏。訖召中務省。于時少輔橘朝臣南金入自敷政門、直候上卿前膝突座、賜件詔書退出。

一御即位事

陣装束并胡床、同元日儀。【大儀。】

大将著武礼冠。深緋(浅紫カ)襖、錦裲襠、将軍帯、餝以金銀。金装横刀、靴、策著幟殳。

少将武礼冠。浅緋襖、錦裲襠、将軍帯、金装横刀、靴、策著幟殳。【少将若中将二人、著角(挂)甲、靴、弓箭。供奉御輿長。巻式云、但供奉御輿少将、皀緌、挂甲、帯弓箭者。今案、然則供奉御輿先是、少将之。家説。】

将監・将曹、皀緌、緑(深脱カ)襖、錦裲襠、白布帯、横刀、弓箭、緋脛巾、皀脛纏、麻鞋。

府生・近衛、並皀緌、深緑襖、挂甲、白布帯、横刀、弓箭、白布帯脛巾、紺布脛纏、麻鞋。【近衛加朱(緋カ)末額。】

但御輿長、近衛五人、不著挂甲弓箭。

胡床一百六十五基。【巻式云、少将以上胡床、各鋪虎皮。預奏請内蔵寮、永納本府。余府准之。】

卌六基前陣析。【六基府生以上析、卌基近衛並四烈(列カ)、但少将以上敷虎皮。】

廿基後陣析。【二列。】廿基廊□(虫損)陣析。【四列。】七十九基。

花楼陣析

一基大将代析。【立纛幡前。】一基将監代析。【将(マヽ)。】

一基将曹代析。【立大将代南。】二基府生析。【一基立将監析、一基立将曹南。】

二基鉦鼓師析。【立大将代後。】

七十二基近衛粁。【立纛幡内(前カ)。】
卌二基、桙取粁、以七基為一列。
卅基、弓取粁、以六基為一列。
纛幡一流、隊幡四流、小幡卌二流、【廿一流緋、廿一流黄。】万歳幡四流、【立大将代南。】已上四物、花楼陣粁。
権官五人。【其□(色カ)見十二月例。可尋。】
廿七日、丁亥、諸卿遅参。無政。今日有叙位儀。衙後諸卿著議所。頃之、参上御所。外記奉莒如常。丑四刻令捺印位記。
廿八日、戊子、天晴、今日巳剋天皇即位於大極殿。子細【在別注奥。】宣命文。現神と大八洲国所知須、天皇我詔旨良万と宣。勅乎、親王、(諸王脱カ)諸臣、百官人、天下公民、衆聞食と宣。掛畏岐平安宮仁御宇志倭根子天皇我宣。此天日嗣高座之業を掛畏岐近江の大津乃宮仁御宇之天皇(天智)乃初賜比定賜へる法隨尓仕奉度、仰賜比授賜布大命を受賜利、恐美受賜利懼利、進母不知仁、退母不知仁、恐美坐久度宣天皇勅乎衆聞食度宣。照(然カ)皇と坐天、天下治賜君波、賢人能良佐(大カ)を得天之、天下乎波平久安久治賜仁在むと奈聞食須。故是以本命坐宣久、朕雖拙劣、親王等を始天、王等臣等、国(食脱カ)能天下之政波、平久安久仕奉奈武(倍之止脱カ)所念行寿。是以、以正直之心天、天皇朝廷を衆助仕奉と宣。天皇勅乎衆聞食度宣。辞別宣久、仕奉人等中尓、其仕奉状隨尓、冠位上賜布。又大神宮乎始「諸社(脱文カ)祢宜祝等尓、給位一階。僧綱乎始天」諸寺智行有聞留并天下僧尼能年八十已上仁施物多麻布。又左右京五畿内乃鰥寡孤独不能自(存脱カ)者及天下給侍流人等仁給御物布。又天慶元年以往租税未納、悉免賜止波久勅不天皇御命を諸聞食と宣。

外記日記
天慶九年四月廿八日、戊子、天晴、此日天皇即位。春秋廿一矣。前二日、装束司率諸司、装束於八省院。前一日、整設御座於大極殿如式。当日未明、内弁少外記三薗千桂率史生等、令賷式例并記文。就内弁右大臣(実頼)軽幄後平敷座行事。【此幄自昭訓門南廊第二間、西去四許丈(マヽ)許也。幄東砌前去一丈五尺敷外記史座。其後敷史生官掌・召使座、並西面北上。但内記座大極殿東南階下、左近陣北辺。】諸衛服大儀。各勒所部、立大儀仗於殿庭、設平敷也。左右及諸門々部四人、居章徳・興礼両門東西、【各用胡床。】辰四点内弁右大臣、自殿上給位記筥、令賷内記等度階下、自右近陣至昭訓門外南腋休幕。巳二点、天皇出自建礼門御大極殿。諸陣称警。次外記千桂諸儀弁備畢由申内弁大臣。即大臣著礼服、入昭訓門就軽幄座。此間天皇御大極殿。左右近衛将曹率近衛等分居殿後辺供奉駕□（興）、□（近）衛各就本隊。【左右近衛挟龍尾道下。而陣於東西。】中務率内舎人、陣於左右近衛花楼陣南。内豎・大舎人各執威儀物、東西列立殿庭。主殿・図書両寮各四人、著礼服立炉東西、去炉各三丈。【両寮東西各二人、第一人当炉面立、以北為上、相去各五尺。】次大内記橘朝臣直幹、少内記菅原文時、小野奉時等持位記筥、置内弁大臣前机退出。次典儀少納言源朝臣泉率賛者二人、【刑部少録秦連泰、陰陽少属安野国章。】入自□（光）範門、立右近花楼陣東庭。【東面】但賛者二人、典儀位西南去一許丈立。巳四刻、内弁大臣召内豎二声。別当大蔵少丞藤原時頼称唯、立軽幄南頭。大臣宣、召式部・兵部省。称唯、出自昭訓門召之。【此日左近陣起、而右近陣不起、為違例。】両省丞等候同門外、各一人、【式部少丞藤原国光・兵部少丞藤原懐忠。】参入自同門、進立軽幄南。【北面西上。】内弁大臣召式部省。丞称唯、至大臣後磬折立。即授擬叙者名簿、賜之復本列。次召兵部省、賜之如先。両丞退出如入儀。召計叙人等。【式日記云、於応天門前召計之。】内弁大臣召内豎二音。別当大蔵少丞藤原時頼称唯、趨立幄南如先。上宣、召式部。時頼称唯、退出。式部輔代散位懐支王、丞代神祇大祐大中臣頼行、兵部輔代因幡介紀朝臣敏世等、入自同門、並立屋（幄カ）南。【北面西上。】上宣、召式部省。輔代称唯、至上前磬折、使給位記筥。【式部二合、兵部一合。】先給一合、還授丞代頼行。次一合、復本列。訖召兵部省。輔代称唯、進大臣前、給之如前。両省共捧位記筥、経左近花楼陣後、下自龍尾道東階、経昌福堂南頭、置位記（筥脱カ）於庭中案上。兵部省度馳道、置西方案上。【先置掃部寮入自東廊北掖門、直進立高机於馳道東西、自宣命版位南去三許丈。式曰、二省賜位記筥、乃出自昭訓門、入自蒼龍楼掖門、経昌福堂南端趨置案上。而依寛平九年・延長八年等例行之。】午二刻挹外鼓、諸門□□（以次）応、【殿下鼓不応。】開章徳・興礼両掖門。【自余門先開之。】伴佐伯両氏【左大蔵少丞伴忠範、右散位保躬（佐伯）。】各著五位礼服、帯剣。【案式、不帯剣者権之（帯カ）。】自両掖就胡床、於会昌門壇上。【案式并度々記文佐・伴両氏、率門部合三人、入自章徳・興礼両掖門、就会昌門内左右腋壇上胡床座。而今日不率門部。只両氏著胡座（床脱カ）、掟開門鼓之後良久不開。差使問其由。両氏申云、衛門府不差送門部者。重差使、仰左右衛門陣早可進入之由。爰右衛門陣官陳云、尋先例、佐・伴両氏率門部語部等可開門。次衛門々部不可開門者。所申可无所拠。重仰令開門了。後日大納言藤原師輔卿奉勅、召勘件府所避申、更無由拠。加以延長八年御即位開門者、大監物伴朝臣典職進申。又云、彼年開門之時、左右衛門差進門部各三人、以彼門部令開門者。一府進過状、即下法家令勘申其罪。又下刑官令徴贖銅。又闕殿上侍従職者。右京大夫寛（源）信朝臣・右兵衛佐源朝臣兼材等如此。】

二九女孺執翳、東西相分就戸前座。【左右各九人、三行就座、並以南為上。】褰帳命婦二人、【東麗子女王、西馨子女王。】威儀命婦四人【左右】相分各以次就高御座之東西座。次左右侍従四人【左三品重明親王、刑部卿従四位上源朝臣清遠、少納言従五位上橘朝（臣脱）実利、右四品行明親王、右京大夫源寛信朝臣可奉仕右侍従。而称障不参、四位侍従既闕。少納言代散位従五位下藤原朝臣村蔭。】各著礼服帯剣。入自昭訓・光範両門、経東西軒廊、東西共分立。【次（以脱カ）北為上。】立定之後、伴佐両氏降壇、北面立門下。此間門部開会昌門。諸門共開、訖各就本座。於是兵庫頭源朝臣忠幹起座、進内弁大臣瓊幄南頭。北面申云、金（令カ）撃召刀祢鼓と申。上宣令撃与。忠幹朝臣称唯、復本座、召鼓師二声。鼓師称唯。忠幹朝臣仰云、撃召刀祢。鼓師称唯、撃之。上下九度。訖復本座。諸門鼓皆応之。即中納言藤原元方卿、参議同師氏・同師尹朝臣参入自会昌門東扉。【皆著礼服。】諸仗皆立。伴佐両氏亦降壇、北向（面カ）而立。次五位以上同以参入。立定之後、【案式、群官立定、親王乃入自顕親門就位云々。而今日除殿上侍従之外、親王不参。】式兵二省率叙人等、東西相分参入。【式部東、兵部西。】各就標位。爰兵庫頭忠幹朝臣進立前所、申上云、令撃褰御帳鉦申。上宣、令撃与。忠幹朝臣称唯、復本座、令鉦師令撃三。（下脱カ）于侍（時）二九女孺執□□（翳、）、出自□（戸カ）内、東西分進、経南栄上、奉翳於御前。次褰帳各一人、自東西進対、昇自高御座左右階褰御帳、訖各復本座。次執翳女孺且還本座訖。宸儀(村上天皇)初見、執仗者称警。式部録并省掌共称面伏。群臣磬折而立、諸仗共坐。伴佐両氏倶坐。主殿・図書各以次進、自東西就爐下、生炭薫香。【主殿生炭、図書焚香。】訖各復本座。于時典儀(源泉)云、再拝。賛者(秦連泰・安野国章)承伝云、再拝。公卿以下百官共再拝。訖宣命大夫中納言藤原元方卿進自本位就宣命位。訖宣命制(衍カ)一段。参議以下群官称唯、再拝舞踏。武官倶立、振旗称万歳。【其声謁也。】而不拝舞。宣命大夫復本位。即上(止カ)振。於是式部大輔代大舎人頭維時王進案下、唱授三位以上位記。訖復本位。次少輔代玄蕃頭橘朝臣宗臣進就案下、唱授五位以上位記。訖復本位、【謂式部本列。】次兵部少輔源朝臣済進案下、唱授武官位記、復本列。訖叙人等在左右先再拝。次舞踏再拝訖。時典儀曰、再拝。賛者承伝如前。親王以下群官共再拝。于時左威儀親王(重明)進出自南栄、当御前傍行三歩、即北折進跪膝行三歩、面伏称礼。畢両度膝行退還。乃立傍行、還如進儀復本位。次兵庫頭忠幹朝臣起進申云、上令(衍カ)搥下御帳鉦止申。上宣、令撃与。忠幹朝臣称唯、還本座。命鉦師令撃三下。于時二九女孺自東西進出、奉翳如初儀。乃褰帳者二人参上、乗(垂カ)御帳復且如前儀。【此間諸仗称蹕。】訖各復本座。天皇還入後殿。此間女孺復本座。訖兵庫頭忠幹朝臣申云、令搥退刀禰鼓と申。上宣、令撃。忠幹朝臣称唯、復本座。命鼓師令撃下九度、諸門鼓皆応之。左右侍従少納言以次退出。次閤内大臣退出、百官倶罷。次式部兵部入自東廊北振(掖カ)門撤位記莒。掃部寮且入自同門撤机。両氏閇門。諸衛次頻叩鉦、解陣各分散。

（『村上天皇御即位部類記』）

外記々

天慶九年九月廿五日、壬子、御禊装束司納言已下、今日始著官東庁行事。

十月廿八日、大嘗会御禊。

（『大嘗会御禊部類記』村上天皇）

仍令勘旧例外記日記(天慶九年九月二十五日カ)、外記召装束司主典下之云々。

（『権記』寛弘八年九月十六日条）

天慶外記々(天慶九年十一月十六日)云、依敷布単、大臣(藤原実頼)随便宜、奉仕右辺者。

承平・天慶外記々(天慶九年十一月十七日)、国司分居云々。

(天慶九年十一月十七日)天慶外記々云、未得解由并諸国入京吏、五位以上預者、有宣旨皆悉預之。

承平・天慶外記々云(天慶九年十一月十九日)、別当下殿南行、於観徳堂巽角、率哥人参入云々。

(『北山抄』巻五、践祚抄、大嘗会事)

《天暦元年》

国忌日行季御読経例。【外記日記。】天慶四年三月十七日。天暦元年三月二十二日、同三年三月十七日。治安二年三月二十二日。

(『西宮記』恒例第三、九月、季御読経事)

(天慶十年四月十六日)同年外記□(日)記、綱所注進三綱夾名者。

(『小右記』寛仁元年十月六日条)

但天慶十年四月十九日、(藤原)師輔卿於里第覧由、見外記々。廿日奉幣使云々。

(『北山抄』巻六、備忘略記、臨時奉幣事)

外記記

天慶十年四月廿二日、丁丑、大納言藤師輔卿、中納言源清蔭卿、参議同高明(源)卿・藤師氏卿・同師尹(藤原)卿聴政。訖着宜陽殿座。次右大臣(藤原実頼)参入。于時大臣召権少外記雀部是連仰云、令召内記者。仍大内記橘朝臣直幹参入。【昨日、権少外記是連仰云、有可改年号之事。宜召大内記直幹朝臣者。即召直幹、臨黄昏被仰置。】書詔書草、覧右大臣。覧了之後、返給内記。仰云、清書可進者。【在前。右大臣仰左中弁大江朝綱、勘申年号字云々。】清書之後、直幹朝臣持来、奉置大臣御前。退出候陣座。大臣進御所辺、付蔵人令奏件詔書。奏聞之後、右大臣就陣座、召中務大輔源朝臣博雅給。【自敷政門参入。外記兼召博雅朝臣令候陣辺。】博雅朝臣持罷出本省。更令写一通書。宣奉行捺印。差少録箭集忠範令進外記局。外記即詔書奥続紙、書公卿御名所給。史生山上惟生云、明日内可給御署者。今日事了後、公卿以下各退出。

詔、遐親翠篆、眇鑑細篇。正位開元先王之茂曲、踰年闡号列聖之徽猷。太上天皇(朱雀)、同符軒后、擬化唐尭。遊黄屋以褰裳、慕大庭之閑放、占白雲而駐蹕、追姑射之逸遊。跡邈矣於寰中。□窅然於物外。遂以丕業授于菲躬。朕、粛承神規。虔讃叡緒。垂旒負扆。雖体曜魄之尊、受籙披図。若履氷淵之薄、陶甄図量。撫字生霊、自理万機於斯二載。方令孟夏嘉辰、純陽令節(合イ)、琁衡叶候。玉帛順人、葭灰改律、不愆不忘、竹牒無文。宜遵革故之蹤、暢惟新之命、其改天慶十年為天暦元年。主者施行。

天暦元年四月廿二日。

従四位下中務大輔源朝臣博雅宣。奉行。

（『改元部類』）

外記日記状云、天慶十年四月廿二日、改元為天暦元年。五月二日復奏【元方(藤原)行之。】者。

（『左経記』寛仁六年四月廿二日条）

仰校書殿・大学寮、例差進堂々童子等。【天暦外記日記(四月二十五日)、似上卿定勅使。而検彼年行事・九条大臣(藤原師輔)記、无所見。依例、於行事所差定歟。】

（『北山抄』巻五、践祚抄、一代仁王会事）

天暦元年四月廿六日、任大臣。【左実頼、右師輔。】或命管絃、或及唱哥。

（『御遊抄』任大臣）

天慶十年外記(九月三日)々云、依穢雖无御燈依例廃務云々。

（『北山抄』巻二、年中要抄下、九月三日、御燈事）

引見天暦例(天暦元年九月二十三日)、上卿奉仰。〻陰陽寮令勘申由、見外記日記。

（『小右記』寛仁元年十月十三日条）

同四年十月十六日、雨儀。丞於正庁砌上、承召。年来、省称旧例、准他事者、可謂違失。外記日記、注失礼也。【天暦元年(十一月二十六日)・天禄二年・同四年、立西庁。】

（『北山抄』巻七、都省雑例、任郡司事）

《天暦二年》

天暦二年四月十五日、甲午、有弁官申文。今日左右弁不参。然而上卿着坐後、今日初従庁事。仍云々。見外記日記。

（『西宮記』臨時一（甲）、外記政、裏書）

《天暦三年》

国忌日行季御読経例。【外記日記。】天慶四年三月十七日。

天暦元年三月二十二日、同三年三月十七日。治安二年三月二十二日。

（『西宮記』恒例第三、九月、季御読経事）

天暦三年四月一日、天晴、剋限諸卿就庁。依有弁一人、外記立庁南廂西第一柱下、申事如常。又請印了後、諸卿退出。少納言・弁以下召使以上奉仕御前。即着侍従所。次着左仗座。【外記日記。】

（『西宮記』臨時一（甲）、外記政、裏書）

外記日記

五月一日記云、昨日太政大臣（藤原忠平）召外記正統（菅野）仰云、年来雖不随例務、有給上日。其意如何。申云、検先例、天長（淳和天皇）御代、九条大臣【緒嗣（藤原）。】為大納言之時、依病不参入間、於曹司奉行政務。有時議、問法家、与上日。依彼例所奉上日也者。宣云、今不見官奏。又不行他事、何准彼乎。称有関白詔、猶与上日。是不甘心事也。加之、今年既上致仕表。須自来月停止也者。正統奏聞此旨、仰云、雖上致仕表、已以不許。上日依旧猶可給者。正統以勅語旨、申大相国了。

（『宇槐記抄』仁平元年二月十日条）

《天暦四年》

九条殿記、天暦四年五月廿四日、於在衡（藤原）五条宅有御産事（憲平親王）之由、或本勘物□。而外記記云、遠規春日高倉宅云々。

外記

五月廿五日、辛酉、寅剋女御（藤原安子）有産事。其所高倉小路東、春日南。前但馬守藤原遠規宅也。

閏五月一日、丁卯、今日藤壺女御（藤原安子）産後七日也。上官皆悉見参云々。

七月十五日、庚辰、大納言顕忠卿（藤原）参著仗座、召権少外記春道有方、仰云、親王宣旨初下之日内、官符請印乎否、其由可勘申者。有方、延長元年・【朱雀院太上天皇】同四年今上等日記、長案、挟算奉覧上卿。【件年日記、不見宣旨下日請印由。】亥一点女御藤安子、去五月廿四日所産皇子、為親王之宣旨下畢。【御名憲平。】

七月廿三日、戊子、天晴、今日有奉立皇太子宣命之事。

仍無例政。此日奉立皇太子。仍於承明門前、行列弁事、諸司装束如常。長楽門東掖壇上立兀子。木工寮渡仮橋二所、【但不開長楽・永安両門。】庭中又立床子四脚、西面北上。【一脚少納言弁座、一脚外記・史座、一脚史生二人座、一脚官掌・召使座。】但外記前立床子一脚為置日記筥也。承明門前立屏幔。此間少納言橘南金、左少弁藤雅量、少外記菅野正統、左少史浅井守行率史生二人、官掌・召使等、着床子行事。午一尅、式部卿重明親王、大宰帥有明〻(親王カ)、中納言藤元方卿・源高明卿・藤在衡卿、参議源広(庶)明卿・大江維時〻・源等之(朝臣カ)、着兀子座。次式部少輔・丞・録相分東西率侍従等、列立承明門前。次弾正大疏、次左右兵衛佐・府尉・志等東西列立。【各居胡床子。】于時左右近衛開承明門。次左右兵衛志一人率兵衛各三人、開建礼門。次大舎人四人祗候承明門前屏幔外。于時内弁大納言藤原顕忠卿召舎人、二声。大舎人四人進立門前壇下、同音称唯、退出本所。次少納言南金〻(朝臣)入自承明門東扉、進立版位。在上宣。称唯、出屏幔外、立内外壇下召之。其間親王公卿次第自同門東戸参入。次侍従等参入。六位承明門外候之。此日奉立皇太子。早旦諸司装束南殿并座中。【垂御簾。】中務省入日華門、置宣命版位。【去尋常版北一行丈。】式部省入自同門、立親王以下標於左右庭中門、并上卿兀子座立宣陽殿西廂第三間柱(マヽ)西側。【去柱一許尺。但上卿不着此間。】主殿寮立斑幔於軒廊北庭、又立弓場殿南庭。掃部寮敷鋪設於階下。【如節会座。】午二尅、天皇出御南殿。即左右近衛将曹各二人率中少将已下、入自日花門・月花門両門、陣於南階東西。【不立胡床。】于時内侍臨檻召人。内弁大納言藤顕忠卿降左仗座着靴、昇自東階、着殿上兀子座。次左右近衛将曹各一人率近衛各六人、趁進開承明門。【将曹留壇下北面立、近衛跪置弓壇下立、進開扉。】左右兵衛開建礼門。【但不開長楽・永安門。於先例、或開、或時不開。不開者是従省略也。】次闈司二人降殿、経安福殿前、着承明門。同(内カ)東西草墪座。即内弁大納言喚舎人、二聲。大舎人四人列立承明門外屏幔内、同音称唯、退出。少納言橘〻(朝臣)南金参入自承明門東扉、進立尋常版位下。内弁上卿宣、召刀祢。少納言称唯、退出召之。王卿(入脱カ)自同門東扉、列立各標下。相次請(諸)大夫入自東西扉、列立標下。立定之後、内弁大納言召宣命使。中納言藤在衡卿称唯、経左仗南頭、昇東階進立内弁大納言後、賜宣命退降、暫(マヽ)軒廊西第二間砌上。【南面。】是間内弁上卿降殿、進立庭中標下。立定之後、宣命使進立宣命版位下、宣制一段。親王以下再拝。又宣制一段。同又再拝。

【但宣命使不拝。】

現神止大八州(洲)所知須倭根子天皇詔旨良麻止勅命於親王諸王諸臣百官人等、天下公民衆聞食止宣。頃年水旱失節天人民疲労多留尓依天有費牟事波不行給之止所念行天随法尓可有支政度為天奈牟憲平親王於皇太子止定賜不。此位於波不得已天鎮置給止毛諸事波従倹約天行賜布故、此乃状於悟天供奉礼止詔勅旨於衆聞食止宣。

訖宣命使自親王公卿列西退、還加立本列。立定之後、親王以下一□(々)退出、如初入儀。闈司又還。訖天皇御本殿。王卿還着左仗之座。厥後大納言参御所、令蔵人頭右近中将源雅信朝臣奏聞啓陣可差奉之由。雅信朝臣良久不帰。其間上卿暫還本座。少時雅信朝臣奉仰、着膝突座、伝承勅語。爰上卿召大外記雀部是連、仰云、可召左右近衛中少将、左右兵衛佐等。而是連差使部召府官仰事由。爰左近少将藤原伊尹、右近少将藤直忠〻、左兵衛佐同兼通、右兵衛佐同元輔朝臣等参来。上卿先召左近少将伊尹〻。即入自敷政門、就膝突座。上卿仰云、率参東宮啓陣之由。次左近少将、左兵衛佐一々奉上宣、如初義。爰四衛府官人以下、同以率参左右近衛府各少将・々監・将曹・府生・番長・物節各一人、近衛十人、左右兵衛府物節各一人、兵衛十人。左右近陣西廊、【中門北左近、中門南右近。】左兵衛府陣東門、右兵衛府陣西門。【于時儲宮御右大臣東一条第。件第三(二)品式部卿朝臣保(貞)親王宮也。相(マヽ)次第太政大臣所領、太政大臣家在西、件宮在東。時人不棄本号曰東宮。大相府以件家給二男右大臣。仍儲君御此第。右大臣則皇太子之外祖父也。東宮之号也所有徴。】是間左大臣(藤原実頼)依召参入。即入自和徳門、直以参上御前。良久之後、召先年坊官召名、少外記理(紀)綱持参去天慶七年・延長三年等召名。次又召五位已上歴名帳、権少外記春道有方持参、並付蔵人奉之。左大臣□□(独候)御前、書出坊官夾名。黄昏之間、左大臣就陣座、令参議左大弁源庶明〻〻(朝臣)清書坊官召名。此間大納言藤顕忠卿依召参上卿前、以左大臣為皇太子傅之由奉仰、還着。以同庶明広明(マヽ)令書黄紙。左大臣覆奏坊官召名、還着之後、大納言又覆奏伝召名。即又還着、訖後左大臣仰外記、令召式部省。大丞藤清雅参入、賜召名罷出。然後被物有差。但左大臣独留陣座。【是依素服不被参入之。】頃□(之)参上御前、被定東宮蔵人、殿上人等。亥二剋退出。今日早朝御帳一具・銀器一具・朱台盤二脚、出自仁寿殿、府奉遣皇太子御在所之。宣命了後、御剣一柄令左近権中将良峯義方義方(マヽ)遣之。有纏頭。傅坊官并蔵人・殿上人交名如左。

東宮傅従二位藤原実頼【兼】

春宮大夫従三位藤原師尹【兼】

亮従四位上源朝臣雅経(信)【兼】　権亮従四位下藤朝臣有相【兼】

大進従五位下藤原遠規　少進正六位上藤朝臣守忠

大属正六位上御立宿祢維家(宗カ)【兼】　少属正六位上山前連興(豊)範

蔵人、少監物橘仲任、左兵衛尉源惟正、文章生橘為政、蔭孫藤為保、殿上人四位、左近中将良峯義方ゝゝ(朝臣)、藤信恒・忠清ゝゝ(朝臣)、右近少将藤直忠ゝゝ(朝臣)、五位、左少弁藤――(朝臣)雅量、左近少将藤――(朝臣)伊尹、左兵衛権佐藤斎敏、散位藤――(朝臣)親賢。六位蔭孫藤公雅。

(『御産部類記』冷泉院)

天暦四年(七月二十三日)、式部・兵部・弾正参列者。【後日、彼年見外記日記、有式部弾正。】

(『小右記』寛仁元年八月九日条)

《天暦七年》

天暦七年八月十六日、貢信乃御馬六十疋。中納言源卿(庶明)奏解文。【今日降雨。】即奉勅云、左右各可取十疋者。此度無東宮(憲平親王)牽分事。

(『政事要略』巻二十三、年中行事、八月下)

《天暦八年》

天暦八年正月七日、依太皇太后(藤原穏子)崩有警固召仰。右中将源重信、【四位。】左少将同兼材【五位。】不依府次、依位行立。【具外記日記。上卿中納言源兼明卿。抑至如番奏、依上下番、左右任例奏之。】就中如式文者。雖是下官、猶先高色者。依位行列。尤叶式意。【番奏之列、射礼之座、雖依府次至于四位、猶可上列。】

（『政事要略』巻六十九、糺弾雑事）

天暦八年正月□《七カ》日、不遣固関使。付国時《有永カ》、不見馬兵庫等寮遣使例。【傳説申、貞観十三年、延喜七年。】有勅令警固、昌泰三年例也。【固関付国、警固付寮。】外記々云、庶《源》明卿行警固事。其後仰外記云、昌泰太后《藤原穏子》崩、召集畢。上卿令内豎、召左右馬兵庫允等、入自日華門立軒廊南云々。【近例、令外記伝仰。】

（『北山抄』巻七、都省雑事、任郡司事）

天暦八年六月廿五日、大丞《式部》忠厚《藤原》就下版。前例就上版云々。【外記。】

（『北山抄』巻七、都省雑例、任郡司事）

天暦八年七月廿八日、庚午、天晴、大納言藤原顕忠卿、参議同師氏朝臣聴政。次大納言源高明卿共着左仗座。有詔書覆奏事。即権少外記安倍衆与参陣申詔書覆奏之由。挿奏文刺、候膝突座。奏覧顕忠卿。覧了給外記。又挿文刺立小庭巽角。上卿起座経階下、参御所付蔵人。式部少丞大江澄景令奏之後返給。上卿還着陣座了。外記還局加封。史生海董季送弁官写一通。更加封還送。即続収如常。是日内侍不候。仍上卿所奏也。

（『政事要略』巻三十、御画）

九月廿日、重明親王薨奏、服錫紵。

廿三日、除給。已及四ケ日。

（『小右記』万寿四年十二月七日条）

《天暦十年》

八月十六日、御覧信乃御馬。左右取了。次別貢二疋。牽巡如例。即以一御馬為東宮《憲平親王》牽分。以二御馬給左馬寮了。此日大将顕忠《藤原》卿雖非大臣、出居不参上前昇殿。是違例。

（『政事要略』巻二十三、年中行事、九月下）

八月十九日、外記々云、俄暴風。上卿仰云、於利。乗人下、各牽御馬、立承明門内東西廊。【御馬在壇下。近衛等在壇上。】次上卿召左中将伊尹《藤原》、助能正《馬寮》《源》等。各称唯。入立宣陽殿西廊南第一柱内。次召左少将元輔（藤原）、助貞盛（平）等、同称唯。入立校書殿東壇上、奉上宣云々。左経春興殿西廂并廊到、取御馬拝。右経安福殿東廊等、同到取之云々。

（『西宮記』恒例第三、八月、駒牽事、頭註）

《天徳元年》

十月廿七日、庚辰、左大臣（藤原実頼）云々、着左仗座。今日有改元事。改天暦十一年為天徳元年。

詔、温故知新、義皇演八卦而不朽。魯聖憲五始而長伝。緬尋継細亮来尚矣。朕以不敏、忝守洪基、徳未為車。雖慕黄軒之蹤、政如鶩（脱アルカ）、難静赤県之風。爰理万機、既経一紀。而此年水旱不節、恠異荐臻、使我華夏之民、遭此澆醨之代。方今求故実於漢日、畏天譴而開元。訪往事於当朝、依時変而建号。是皆思易民聴、与物更始之義也。其改天暦十一年為天徳元年。今日昧爽以前、大辟以下罪無軽重、已発覚・未発覚、已結正・未結正、繋囚見徒及犯八虐者、皆悉赦除。又一度窃盗計贓三端已下者、同以放免。但強窃盗二盗、故殺謀殺、私鋳銭者不在此限。又天暦六年以往調庸未進在民身者、同亦免除。若施恩之有効、何消禍之可々（希カ）布。遍告遐邇、俾知朕意。主者施行。

天徳元年十月廿七日

（『改元部類』）

《天徳二年》

外記記云、四月廿一日云々。蔵人為光（藤原）召大外記傅説（御船）於蔵人所、仰云、賀茂祭宣命、内記付内侍所奏聞。昨日所承行。而今日内裏有穢、使不可参入。如此之時、有所被行乎。傅説申无所見之由。仰云、准臨時奉幣例、以不穢内記、於陣外令書、不奏聞付使内侍令給内蔵使。但料紙以左大臣（藤原実頼）家紙可充用者。

（『西宮記』恒例第二、四月、賀茂祭事）

外記云、十月二十五日、大納言藤顕忠卿、参議小野好古朝臣聴政云々。了、著左仗、有内文内案。欲披読之間、印盤籠監物為穢。仍申事由於上卿停止云々。

（『西宮記』臨時一（甲）、内印、裏書）

十一月一日、外記々云、侍従厨家調饌。差少納言以下階下座。【先例、於内豎所北壁外床子座差之。而今日依外記仰差階下。是又先例云々。】

（『西宮記』恒例第三、十月、還宮後旬儀）

《天徳三年》

天徳三年正月廿五日、中宮(藤原安子)自朱雀院遷御小一条殿。大納言藤原顕忠卿已下奉仕御前。

三月二日、丁未、寅尅中宮有御産事。

八日、癸丑、今夜中宮御産七日也。先是皇太子(憲平親王)正月廿五日従朱雀院遷御。左近中将藤原伊尹於東一条宅待誕生日。今月二日有御産。公卿・諸大夫入夜会集、宿御在。大夫□(史カ)(我)孫有□(柯)宿祢臨晩召仰諸司、七丈幄一宇令立家中。使所預設諸大夫座、内蔵寮弁備饗饌。又内—(蔵)先期奉仰、調供一両之。儲菓子及生魚・干魚・鳥、六十四種為限、盛以様器。

（『御産部類記』円融院）

四月十三日、外記々云々、依左大臣(藤原実頼)宣修理建春門。任延喜十一年四月廿六日□(例カ)公卿座可敷北方宮人座所之由、召仰府生山良基了。

（『西宮記』臨時一（甲）、外記政、裏書）

(六月)十六日、庚寅、今夜中宮自小一条第入御内裏藤壺。

（『御産部類記』円融院）

《天徳四年》

天徳四年九月廿四日、外記々曰、威所三所。一所鏡、【件御鏡雖在猛火上、而不涌損。即云伊勢御神(皇太神宮)。】一所魚形、【無破損。長六寸計。】一所鏡。【已涌乱破損。紀伊国御神(日前・国懸神宮)云々。】

（『釈日本紀』巻七、述義三、八咫鏡）

《応和元年》

外記記

天徳五年二月十六日、庚辰、今日辰二点、始立内裏殿舎之柱。就中紫宸殿・清涼殿・宜陽殿・春興殿・宣耀殿・登華殿并南面廊・陽明門等刻限立始。但春興殿者山城国挙棟垂木也。自余殿舎或国未運料材木。大納言藤在衡卿、参議同朝忠(卿)—・源重信(卿)—早朝着造作所行事。左中弁藤文範(朝臣)—、右少弁平(朝臣)—善理、右大史秦衆頼、佐伯是海率史生等祗候。依行今日有開(改イ)元。改天徳五年為応和元年詔書、左大臣(藤原実頼)着右近陣座、即中務大輔源忠時(朝臣)—賜之。先是召大外記御船(朝臣)—傅説仰云、改元詔書、恩赦相加之例宜勘申者。天徳元年・天慶元年・延長元年・延喜元年等例、注勘文上之。蔵人頭右近中将源延光(朝臣)—奏聞之後、召文章博士兼大内記藤原(朝臣)—後生、仰可作進改天徳五年為応和元年之詔書。但詔書之趣、可縁延喜元年例者。後生(朝臣)—蒙仰還所。成草覧。大臣奏聞之後令清書。又奏聞之後、召中務大輔源忠時賜之。此度年号、右中弁兼大学頭文章博士菅原(朝臣)—文時所択上也。

(『改元部類』)

応和元年十月廿六日、外記々云、来月上申酉、杜本・当宗等祭也。勘年々記、十一月朔日当酉日、件両祭例不分明。内蔵寮勘申云、十一月朔日当酉日、件両祭延引、以次申酉祭之例也。可依件勘文之由被議定畢。

十一月一日辛酉、当宗・杜本祭可用次申酉之由被仰下畢。依無上申也。

(『年中行事抄』十月、当宗祭事)

廿一日、庚戌、発遣荷前使。今日祭事不宜。雖然用之。子細見于外記日記。

(『日本紀略』応和元年十二月二十一日条)

《応和二年》

応和二年二月廿七日々記。【奉寄三重郡。御祈報賽。】

(『小右記』寛仁元年十一月九日条)

但此間可在御定。応和二年尚侍喜子(藤原)例相合欤。【貞信公(藤原忠平)第一女。十月十八日薨。卅日、甲寅。薨奏・贈位。別給穀倉院絹百疋・調布当(五百カ)端。淑子(藤原)・満子(藤原)例也。新草位記状。勅使参議好古(小野)朝臣・民部卿在衡(藤原)行之。】

件事具見邑上御記。亦在外記日記。

(『小右記』万寿二年八月二十三日条)

《康保元年》

応和四年五月十四日御記、令済時(藤原)賜右大将藤原朝臣(師尹)解文二枚。令仰可令分取陸奥御馬事、云於中重分取者。外記(五月二日)日記如駒牽儀者。

（『大御記』応徳二年十二月四日条）

外記

応和四年七月十日、癸未、改応和四年為康保元年由、左大臣(藤原実頼)令蔵人頭右近権中将源延光―(朝臣)奏聞事由。勅定之後、左大臣召大内記高成忠、仰可作進詔書之由。草奏之後令清書。奏聞之後、召中務少輔橘―(朝臣)敏延給之。大学頭兼文章博士菅文時―(朝臣)・式部少輔藤後生等所択上也。

（『改元部類』）

《安和元年》

安和元年二月一日記云、去月九日、大外記菅野正統朝臣参太相国(藤原実頼)第之次、家司布瑠千門宿禰申云、承平元年十月九日記云、官奏事在左大臣(藤原忠平)私第。仍大臣給上日云々。

（『宇槐記抄』仁平元年二月十日条）

安和元年六月廿九日記云々、恒例大秡也。会行事・五位已上、弁・大夫已下、会朱雀門。但行事所并所々預五位座設弁大夫并三省輔座後、六位已下仮(座脱カ)召掃部寮令敷門内壇上東頭。【先例无座。而此度仮座此座。】人形・散米等、依天慶例、行事所儲之。又所々主典代已上見参文令進云々。悠紀・主基方内侍可参会云々。

（『小右記』長和元年六月二十七日条）

御卌九日(七月十四日)後内竪音奏由、在外記日記(七月十五日)。

（『権記』長保四年二月十二日条）

安和元年外記日記(七月十五日)、有音奏之由。

（『権記』長保四年二月十一日条）

安和元年十月廿六日、丙子、女御懐子(藤原)有御産事。同十二月廿二日、為親王(師貞)。

（『御産部類記』花山院）

安和外記々云(安和元年十一月二十七日)、左大臣(源高明)着東廂砌上兀子、外記昇東廊奏見参。

（『北山抄』巻五、践祚抄、大嘗会事）

《安和二年》

凡固関使事、具安和二年八月（十二日）外記日記。

（『御譲位并御即位記』後堀川院、貞永元年十月四日条）

安和二年八月十三日、戊子、為皇太子（師貞親王）。

（『御産部類記』花山院）

《天禄元年》

外記安和三年記云、（一月十四日）六位以下後拝云々。

（『北山抄』巻一、年中要抄上、正月十四日、御斎会畢并殿上論義事）

（安和三年）天禄元年三月廿日、辛酉、終日雨降。上卿不参。仍無政也。今日被発遣天皇（円融）御即位之後依先例五畿七道諸国諸名神奉幣之使也。件使等依神祇官先日差申、以大中臣・斎部等為其官符給諸国。但従神祇官立件使等。昨日上卿於左仗座、召少外記賀茂連量仰云、明日奉幣七道諸社之内、同可奉幣伊勢宮。若如此之日、廃務有無之例可勘申者。連量還局、引勘記文、専無其例。還参申此由了。仍今日無廃務。

（『小右記』長和五年二月二十六日条）

安和三年三月廿五日、丙寅、左大臣（藤原在衡）・大納言（源兼明）已下着左仗座。此日被改元之事、詔命已了。鳳暦新号。但自昨日外記奉左大臣仰、令誡候少内記大江昌言。而件昌言非成業者也。仍有事之□、以右少弁藤朝臣雅材、令草件詔書、以昌言令清書。即奏覧之後、召中務少丞平祐挙、下給件詔書了。

詔。魯史垂文、革故之風高扇、漢冊伝訓、建元之道長存。是用受竜図、継鴻業之君、静赤県、撫蒼生之主、莫不有時而開基、踰年而改号名矣。朕以弱齢忝膺大器、専頼元老之輔弼、虔奉宗廟之神霊。不愆不忘、所守先生之遺範。一言一事、所慎列聖之通規。方今鳳管律移、鶯花春暮。不易民聴於今日、恐墜皇猷於斯時。其改安和三年為天禄元年。大赦天下。今日昧爽以前、大辟以下罪無軽重、已発覚未発覚、已結正未結正、咸皆赦除。但犯八虐、故殺謀殺、私鋳銭、強窃二盗、常赦所不免者、不在赦限。又復天下今年半徭。老人及僧尼、年百歳以上賜穀人(衍カ)四斛、九十以上三斛、八十已上二斛、七十以上一斛。庶使添恩波於四海之中。潤恵霑於一天之下。布告遐邇、俾知朕意、主者施行。

（『改元部類』）

天禄元年三月廿七日外記々云、中務省所申、来月有一日々蝕奏状令申上。自結政之後、付外記云々。

天禄元年三月廿八日外記々云、作廃務奏状、付内侍令奏。了大外記正統(菅野)令召使申諸卿。又令内豎申親王(源兼明カ)云々。

（『西宮記』臨時八、日蝕、頭註・裏書）

天禄元年五月廿六日外記々云、左右大臣倚子直北、立南上西面云々。

（『局中宝』第二冊、庁倚子間事）

《天禄二年》

同四年十月十六日、雨儀。丞於正庁砌上、承召。年来、省称旧例、准他事者、可謂違失。外記日記、注失礼也。

【天暦元年・天禄二年(四月カ)・同四年、立西庁。】

（『北山抄』巻七、都省雑例、任郡司事）

《天禄三年》

外記記

天禄三年正月五日、天陰、酉三剋雨止。御元服後宴也。内弁左大臣(源兼明)喚舎人。少納言平在寛就版。大臣宣。大夫達召世。少納言称唯退出。次三品章明親王・致平親王、中納言雅信(源)・兼家(藤原)・朝成(藤原)卿、権中納言延光(源)・文範(藤原)卿、参議済時(藤原)・保光(源)・為光(藤原)卿、進立宜陽殿西廂。次内弁左大臣降殿加立列。于時上寿者権中納言文範(六十二)卿出列昇東階、詣御酒台所北面立。采女奉御酒一盃授文範卿。即搢笏受盃。進御前座授陪膳采女。受盃進置御前。文範卿執笏北面跪奏曰、掛モ畏支天皇我朝庭尓仕奉ル親王等諸王等諸臣等、恐み恐みも申賜は久。掛モ畏支天皇我朝庭、令月乃吉日御冠加賜比天、百礼具備利万民同悦タテマ都留、不勝此大慶志天、謹上万千歳寿許ト乎、恐み恐みも申賜波久止奏。俛伏再拝。群臣上下共再拝。【此間陣起。】采女取御盃奉進。皇帝(円融)挙酒。群臣上下皆舞踏。三称万歳。皇帝挙酒。訖陪膳采女進受虚盃授采女。采女受置台上。上寿者(藤原文範)退下就本列。其後親王公卿昇殿着座。

（『主上御元服上寿作法抄』）

《天延元年》

同四年十月十六日、雨儀。丞於正庁砌上、承召。年来、省称旧例、准他事者、可謂違失。外記日記、注失礼也。【天暦元年・天禄二年・同四年（四月カ）、立西庁。】

（『北山抄』巻七、都省雑例、任郡司事）

天禄四年十二月廿日、庚子、申刻内大臣（藤原兼通）着左仗座。行改元事。大内記伊輔（紀）参膝突座、奉可作詔書之由。即以草入莒奉覧。上卿（藤原兼通）起陣座奏聞。清書了重令奏。上卿還着陣座。召中務少輔源朝臣俊給清書。俊朝臣給之退出。大臣起陣座参殿上。今夜有御仏名事。昨御物忌。仍今日被行件事。今日巳時庁前庭有数百犬跡。又版位石欠落。少納言已下見之為物恠。其占云、恠所丑未。卯酉年人有病患歟者。

詔、君四海者期波瀾之不揚、御万邦者慎煙塵之無警。車書同其軌文、機務通其故跡。然猶因祥瑞而替暦名、畏天変而改年号。因古之所行来于今。以敢被準的者也。朕謬受竜図、恭嗣鴻緒。俗酌澆醨之流、化無冠冕之□。常慮眇身之難任、絲慙黔首之失望。去春以来天譴頻示、地震屡警。戒懼之懐且千、悚兢之心非一。将鑑革故之象、以重体尭之規、克己惟新、与民更始之意也。其改天禄四年為天延元年。亦払夭以徳、施仁却邪、大赦天下。今日昧爽以前、大辟以下罪無軽重、已発覚未発覚、已結正未結正、犯八虐、僧俗未得解由、常赦所不免者、悉以原免。各赦督（罪カ）令得自新。但故殺人謀殺人、強窃二盗、私鋳銭者、不在赦限。又安和元年以往、調庸未進在民身免除之。又賑給天下老人百歳已上穀三斛、九十已上二斛、八十已上一斛、鰥寡孤独不能自存者、量給物。遍施徳化、以致太平。庶使宸居誠安、配乾坤以長久。寅亮信穏、並槐棘而栄華。布告遐邇、普令知聞。主者施行。

（『改元部類』）

《天延二年》

天延外記（天延二年十一月一日）云、行幸所造進者。

（『小右記』正暦四年十一月一日条）

《天元五年》

外記日記云、天元五年五月七日、中宮（藤原遵子）立后後、自太政大臣（藤原頼忠）四条第初入内裏。同日賞。以侍従藤原公任、叙従四位上。【皇后昵弟十七。】

（『大鏡』太政大臣頼忠、裏書）

《寛和元年》

外記記

永観三年四月廿七日、辛丑、大納言（源）重任（信）卿、権中納言（藤原）顕光卿参左仗。有改元之事。重任卿行之。先召蔵人左衛門権佐（藤原）惟成（朝臣）—、被奏改元之由。次召大内記慶滋朝臣保胤、被仰可作進詔書草之由。次奏覧。先是上卿（源重信）召外記中臣朝明仰云、四月中改元之例、及中納言以下行之例可勘申者。即勘申承平元年・延長元年・昌泰元年例。但納言行例、見昌泰元年也。今日水鳥集宜秋門前桜樹。恠也。

詔、前燭後燭帝跡迭照、或馳或鶩王代道興。太上天皇、顧天下而宥然、居物素而邈矣。未敢蔽々以事為事。朕猥承聖緒、虔纂洪基。従履薄氷、既垂二載。宜率由旧章於往古、永創徽号於惟新。其改永観三年為寛和元年。主者施行。

（『改元部類』）

《寛和二年》

寛和二年外記日記、五月十五日、無品規子内親王薨。

（『本朝皇胤紹運録』村上天皇）

《永延元年》

外記日記曰、一条天皇永延元年八月五日、始行北野聖廟祭祀。宣命云、掛畏岐北野尓坐天満宮天神云々。天満天神之勅号始起此哉。

（『菅家御伝記』）

《永祚元年》

外記記

八月八日、丙辰、天晴、中納言藤原顕光卿・重光卿(源脱)・同(源)保光卿、権中納言藤原道長卿、左衛門陣座移着。於庁政有官申文。午後右大臣(源雅信)、権中納言源伊陟卿参着左仗座。今日被定行改元事。于時大臣召大内記三善朝臣佐忠被仰云、改永延三年為永祚元年。随即其(仰カ)詔書可早作之。于時蒙仰還本所、成草案覧大臣。附蔵人頭右大弁藤原在国朝臣令奏聞之後、給佐忠朝臣令清書。而大臣召中務少輔藤原朝臣統理、着膝衝坐、給詔書退出。

(『改元部類』)

《正暦元年》

不知記(外記日記)者。

正月五日、壬午、今日皇帝(一条天皇)加元服。【歳十一。】左大臣(源雅信)理髪。太政大臣(藤原兼家)加冠。先於南殿北廂有理髪事。【伊賀守(藤原)陳政朝臣、先奉仕理髪。】自北廂第一間迄(脱アルカ)第間隔為御装束所云々。

加御冠了。太政大臣・左大臣等拝礼後、公卿等率出外弁。即開門。【但不開建礼・承明・長楽門等。】即率引列立再拝舞退出。還着陣座。此間【秉燭。】蔵人相示諸卿可参上之由。仍率参上。次出御。太政大臣候御前、召蔵人仰可召諸卿之由。即応召参上、賜酒肴等、聊有管弦事。皇帝御留、源大納言(重信)、【歌。】右大臣(藤原為光)。【箏。】事了被物。【皇大(太)后(藤原詮子)被儲之。】亥剋許事了、各罷出。公卿候御前之間、勧学院小学生二人加冠、参進先令奏事由。随召参進、経御座即退出。【不拝舞。】

正月七日、節会并有御元服後宴。其儀宸儀(一条天皇)出御南殿後、上卿等昇賀表案進。【入自日華門昇南階、昇立表案額間立了。各退出着靴。】大・中納言、参議各二人。大納言昇中、中納言前、参議後。為光下臈退下。【件賀表、於陣座公卿等加暑(署)。史生二人持莒并硯莒候。】還入陣。此間、左大臣為給下名着靴。上卿等率出外弁、付諸司奏等於内侍所。戌剋開門。即召之。引列立定之後、内弁下殿加列。【経内大臣(藤原道隆)後立上。】次寿言(者)。【源大納言。】進離本列、進昇南階。【進階西檻(廻)昇入、[西面]四間、副御酒案(台カ)。】権大納言(藤原済時)進寿(衍カ)御帳坤程、上(源重信)寿言(了カ)再拝。群臣随再拝舞了、退下立加本列。

次左大臣又還昇。【従経内大臣前昇。】着本座召仰撤案等、了謝座酒如例。了昇着座。次叙列。次次(衍)青馬奏。次取標版位。次青馬如例。青馬未牽以前入御。御饌如例。雖入御酒猶如例。供群臣二献(酒脱カ)御。有勅使。依左大臣・内大臣出、源大納言行事。次房家奏。依還御度階下於弓場殿令奏宣命。巻了還後妓女等於舞台舞楽了。群臣拝舞。還昇又下殿云々。召参議給宣命。又召給見参、作法如常。

（押小路本『天皇御元服記』）

外記記

正月七日、節会并御元服後宴也。戌剋開門、即召之。引列立定之後、内弁下殿加列。【経内大臣後立上。】次寿者。【源大納言重信。】進離本列、進昇南階。【廻階西檻昇入「西面」(「」は脱、)四間、主上八无)副御酒台。】采女来。権大納言進御帳坤角。上寿了再拝。群臣随再拝舞踏。退下立加本列。

次左大臣又帰昇。又撤案等、了謝座酒如例。

（『主上元服上寿作法抄』）

《正暦二年》

外記記云。

正暦二年閏二月三日、雨降、政初。【朱雀院崩御後。】中納言重光(源)・伊陟(源)等卿聴政云々。従結政示送云、弁一人之時、有法申。而諒闇之時、無法申為何哉云々。外記国定(多米)進参議座後申此由。上卿仰云、一人雖候政初也。可有申文者云々。少納言時方(藤原)、左少弁信順(源)、外記一人、史三人列立結政南廂東第一間。【少納言、弁前。外記、史後。】次官掌取入申文筥、経少史前授上臈。【史、次納言以下。】進立軒廊北二間如常。次依次着座。次上臈史捧入申文筥、微行進於上卿前、跪以奉置、乍跪抜笏、退着本座。上卿覧了。史進給筥、不着本座、直退出。次従下臈退出、少納言先進着座。次外記、史生参入、外記捧書筥、跪置上卿前還座、史生置印盤於畳上如常。上卿覧了。外記起座奚、跪給筥文、微行跪盤印(印盤)座、捧筥召史生名。【中声。】史唯。【中声。】奚進着座。請印無請印詞。事了退出。次上卿移侍従所之間、召使微音。退前南申文、其音又以微々也。南所無出立儀。上卿欲立座時、弁・少納言等早々趍出立。隠一本御書所西門辺云々。

（『西宮記』臨時八、諒闇時外記平座政、裏書）

外記記

正暦二年九月十六日、壬子、摂政(藤原道隆)・左大臣(源雅信)已下諸卿参着陣座。巳刻天皇(一条)行幸式御(職)曹司。是皇太后(藤原詮子)宮日来於彼所御悩之故也。戌刻左大臣著仗座、召大外記中原朝臣致時仰云、停皇太后宮職為東三条院。停進・属為判官代・主典代者。此宣旨著局、召仰諸司畢。

（『院号定部類記』東三条院）

《正暦四年》

外記多米国定来持(持来)去月廿六日癸未日記。其記云、左衛門督(藤原)顕光卿、右大弁史(平)惟仲著左仗、被行故菅(道真)丞相贈位・贈官之事。大内記為時朝臣(巨勢)入位記宣命・詔書等於筥、奉覧上卿。【件筥以厚朴木件(作カ)也。居花足小盤置柳筥也。自蔵人所所下給也者云々。】上卿起座、参弓場殿、付蔵人式部丞(源)惟時奏聞。【件位記・宣命等、兼日覧関白殿(藤原道隆)了。仍今日令直奏聞失(矣カ)。】奏訖、【詔書有御画日。】返給復座。内侍臨檻、【上卿起座、進南殿東階辺。】位記捺印如例。覆奏了召遣鎮西使。即散位菅原朝臣幹正参膝突、給位記・宣命等退。位記状・宣命・詔書等在左。【件事内大臣(藤原道兼)被行。而依御消息、件上卿所被行也。国定云、被日上卿催内侍、位記請印之日無此事。是彼所奇云々。】

（『小右記』正暦四年七月五日条）

《長保元年》

外記部(日カ)記云、三月十六日、行幸東三条院(藤原詮子)。右大臣(藤原顕光)給随身左右近衛府生各一人、近衛六人云々。

（『公卿補任』長徳五年条）

《長保三年》

長保。(長保三年九月十四日)【式部権大輔大江匡衡朝臣。呪願同。但後小野宮并外記記云、呪願式部大輔云々。】

（『文永七年宸筆御八講記』御願文）

聴衆。(九月十四日)

【外記云、静昭叙法橋云々。注記今一人康縁云々。不見僧名、頗伏不審。】

仁盛。
朝晴。　清春。　春穏。【注記。】
雅静。　義慶。　法昭。
融碩。　妙玄。【已上南。】　覚超。
厳然。　日助。　明尊。
遍救。　妙尊。　増暹。
懐寿。　実誓。　定基。
定暹。【已上天台。】

（『宸筆御八講記』僧名）

長保三年十月一日、左大臣(藤原道長)、内大臣(藤原公季)以下参着仗座。被定東三条院(藤原詮子)御賀御誦経使。以今月三日可被立諸寺事。

三日、左大臣已下参入。被行東三条院今年満卌筭也。公家欲被行御賀。仍今日被修諸寺御誦経。諸寺使南京七大寺以五位為使、京近寺・延暦寺以四位為使。是皆侍従・次侍従等也。大外記滋野善言奉仰行此事。御誦経布施自官厨家使々各麻布百端云々。次於右近馬場検非違使行賑(給脱カ)即燉大炊寮納米二百石也。

七日、左大臣、右大臣(藤原顕光)、内大臣已下参入。於清涼殿東庭有明後日御賀試楽事。其儀清涼殿東庇第三間、立大床子為御座。第二間以南至長橋、敷菅円座為公卿座。南廊下敷殿上人座。桜樹西頭立大鼓一面、立鉦四丈。其東立鉦鼓。承香殿西砌壇上敷儛人座。【南上西面。】其南去一許丈敷行事二人座。【権右(左)中弁源道方朝臣、蔵人散位同済政。】滝口陣前敷召人・楽人座。□(虫損)成楽四人【右□□(兵衛)督□(源)憲定、右近中将源□□(頼定)、左近衛中将源経房、同中将□(藤)原実□(成)。】□□□(次蘇合)香。【右近衛少将藤原頼親、左近衛少将同経通、左近衛中将藤原成房、右近衛少将源雅通。】次羅陵王。【左大臣息男名多津(藤原頼通)。】天皇(一条)敬感賜御衣。【右大臣進御前伝取給之。】左大臣不堪情感更下庭中、唱天長地久拝舞。次納蘇利。【同大臣第二息伊波(藤原頼宗)。】次秋風楽。【万歳楽人兼儛。】次賀殿。【蘇合香同人。】次右中弁藤原朝経、召管絃者八九輩。宸儀(一条天皇)有御遊。畢退出。公卿以下給禄有差。【公卿舞大掛、召人単、童・殿上人并物師等絹。】

九日、左大臣、右大臣以下参着仗座。昨日東三条院遷御上東門院。行事蔵人散位源済政、兵部大丞源憲光。以寝殿為院御所。西対為上皇(花山)御息所。東対為中宮(藤原彰子)御所。□(虫損)対南唐庇設公卿座。西廊為殿上人座。西中門南廊東西相隔。東方為侍従座。西方為弁少納言外記内記史座。当東対南庭敷畳二枚、為楽所行事座云々。于一点諸卿列立橋東。【北上西面。】出御南殿。近仗、称警蹕。先令蔵人頭左近衛権中将経房(藤原)朝臣通臨幸之由。御輿停西中門外。【俊賢(源)朝臣候御釵。経房朝臣候神璽。】次還御寝殿。御拝二度。不経幾還御本所。大納言藤原道綱卿自院有御消息。重御寝殿。次献物百捧。○左大臣初啓物名。次々啓之。院別当修理大夫親信(平)朝臣二声、屯食卌具、榻出中島。召院主典代以下令請。次宸儀□□(出御カ)。令蔵人□(頭カ)「(大蔵卿正光(藤原)朝臣)」、公卿「(虫損)　(楽人舞人)」馬場殿辺乱声。先奏万歳楽。次蘇合香。次羅□(陵王カ)。【院(藤原詮子)令右近□(少)将公信(藤原)、賜桜色細長。】次秋風楽。次賀頭四人。院判官代内記藤□(原カ)則孝向楽所。行事并召物、納蘇利舞師左近衛多良茂於階下賜之云々。主殿寮献炬火。院司公卿以下賜禄有差。次大外記善言(滋野)依召進侍従見参。行事蔵人兵部丞永光(源)於西中門外、院司并侍従等賜禄有差。事畢亥刻還御。公卿諸司退出。

十日、左大臣以下参着左仗座、被行東三条院司等加階事。院司十九人、正二位春宮大夫藤原道綱、【院別当。】従二位参議同有国、【弾正大弼。】正三位中納言左衛門督同公任、権中納言右衛門斉信(藤原)、【中宮大夫。】従三位参議左近衛中将源俊賢、右大弁藤原行成、修理大夫平親信、正四位下中宮権亮源則忠、内蔵頭藤原陳政、左近衛中将源経房、【左大臣譲。】右近衛中将藤原実成、従四位上散位源国挙、正五位下出雲守源忠規、従五位上藤原佐光、【判官代。】右衛門佐兼貞(藤原)、【大蔵卿正光譲。】従五位下藤原良資、【判官代。】同成親、【判官代。】外従五位下宇治守信、【主典代。】中宮職司四人従四位下民部小輔大江清通、【大進。】甲斐守源高雅、正五位下散位源済政、【大夫(源時中)譲。】従五位上織部正橘忠範。【少進。】上東門院依中宮御□(領カ)有此賞歟。此次臨時加階三人。【正二位藤原公季、《臨時内大臣。》従三位左□□□□□(大弁藤原忠輔)、□□□□(従四位上カ)藤原兼隆。《外戚。》】

(『母后代々御賀記』 一条院母后)

長保三年十二月廿二日(外記云閏十二月廿二日)のことなり。

（梅沢本『栄花物語』巻七、とりへ野）

《寛弘元年》

寛弘元年十月廿一日、始有行幸。奉幣帛。

（『菅家御伝記』）

《寛弘二年》

（外記記云、二年五月三日云々）
十二月十一日。皮聖（行円）供養一条北辺寺。行願寺是也。

（『百錬抄』寛弘元年十二月十一日条、頭書）

《寛弘五年》

中宮御懐孕事、不被立平野祭使事
寛弘五年四月六日、平野祭也。上卿以下参入如常。今日中宮（藤原彰子）不被立御幣使、依御懐妊事也。自余神事、同以停止。

被定中宮行啓前駈事
十日、庚子、権中納言斉信（藤原）卿已下参仗座、被定中宮可遷御上東門院前駈事。

中宮御懐孕事、神事間出御事
十三日、癸卯、子刻中宮自一条院、遷上東門第。依御懐妊事、神事間出御也。大納言道綱（藤原）卿已下諸卿供奉如常。

中宮御懐孕事、不被立賀茂祭使事
十九日、己酉、賀茂祭也。権大納言実資（藤原）卿、参議実成（藤原）、権左中弁藤原朝経已下行事。中宮依御懐妊事、不被立使。

東宮（居貞親王）依華山院御軽服、被停止。

中宮入内事
六月十四日、癸卯、中宮（藤原彰子）入御内裏、【牛車。】諸卿以下供奉如恒。但用牛車。

中宮又出御事
七月七日、乙丑、権中納言斉信（藤原）卿参仗座、来九月中宮可行啓上東門院之由、有召仰。依去月十五日諸卿定、所召仰也。

九日、丁卯、諸卿参仗座。依可有中宮行啓也。而依当大将軍遊行方延引。来十六日可行啓云々。

十六日、甲戌、入夜中宮行啓上東門院。公卿以下諸司・諸衛供奉如常。

中宮御産事
九月十一日、戊辰、例幣也。今日午時於左大臣（藤原道長）土御門第、中宮有御産事。【皇子。（敦成親王）】

七夜事
十七日、今日中宮御産七夜也。仍公家（一条天皇）仰蔵人・大膳・内蔵・穀倉院・侍従厨家・官厨家等、令奉仕饗并屯食。禄絹・綿・布等儲、被奉左大臣里第。今夜始従大臣、諸卿悉参集彼里第。

為賀皇子誕生、行幸中事
十月十六日、癸卯、天晴、今日有行幸於上東門院。是供奉諸司・諸衛如常。午二刻、天皇(一条)駕鳳輦。【但件輦別有宣旨、所被用也。】経東中門御出、自衛門陣、上東門大路御幸。于時左大臣、右大臣(藤原顕光)、内大臣(藤原公季)、大納言藤原道綱卿、権大納言同実資卿・同懐忠卿、権中納言同斉信卿、中納言同公任卿、権中納言同隆家卿、中納言同時光卿、権中納言源俊賢卿・藤原忠輔卿、参議藤原有国卿・同懐平卿・同兼隆卿・同正光卿・源経房卿・藤原実成朝臣供奉如例。爰車(駕カ)賀入自彼院西門、御寝殿。侍衛警蹕如常。此間、棹竜頭鷁首之船、奏絲竹・鼓笛之声。次大臣以下侍臣已上、起西対座、列立寝殿南庭。北上東面。于時蔵人頭右中弁源道方奉勅、宣新皇子可為親王之由。名曰敦成。大臣以下拝舞如恒。了還着本座。其後以権中納言
被下親王宣旨事
藤原斉信卿可為親王別当之由、同道方朝臣被下宣旨已了。仍斉信卿奉勅旨、且拝舞。次大臣已下移着御前簀子敷座。此間竜頭鷁首并舞台船三艘会一所、奏音楽・歌儛、左右各二曲。舞了退出、召人々。舟同在其辺。階下敷座、召着召人。夜深月明、歌遊興酣。殿上階下絲竹同音。了大臣已下諸司・諸衛給禄各有差。又有叙位事。子三刻、事了還御。

中宮入内被相定事
十一月十一日、戊辰、朝間天晴、権中納言藤原斉信卿以下参入、着庁座、聴政。午後権大納言藤原実資卿以下参着仗座、被定今月十七日中宮遷御内裏。御前親王・公卿・侍従差文、供奉諸司・諸衛可召仰之由、(末尾欠失)

(『御産部類記』後一条院)

《寛弘六年》

(乙)中宮依御懐孕、不被立賀茂祭使事
四月廿四日、己酉、賀茂祭也。中宮職不被立使。

(甲)
十一月廿五日、丙子、天晴、有中宮(藤原彰子)御産事。辰剋、即男親王(敦良親王)也。仍諸卿及殿上次臣(侍)・諸大夫以下皆参。各成悦。但於左大臣(藤原道長)土御門里第有此事。

(乙)
十一月廿五日、丙子、天晴、中宮於左大臣里第、有御産事。仍諸卿及殿上侍臣・諸大夫以下皆参。

(甲)
同廿七日、戊寅、天陰、時々少雨降、今日親王三夜也。諸(マヽ)左大臣里第被参□(入)□(饗カ)宴事。

(乙)廿七日(三夜事)、戊寅、皇子三夜也。仍諸卿被参左大臣里第。

(甲)同十二月二日、壬午、天陰、雨降、今日親王七日也。仍率被参左大臣里第。上達部・殿上人饗、内蔵寮奉仕、官厨家置(并)大膳職、後院儲盛屯食・荒屯(食)等等々。従蔵人所被□(渡)絹二百疋・綿三百疋・信野布五百端等、公卿以下給禄也。

(乙)十二月二日(七夜事)、壬午、雨降、大納言藤原道綱卿已下参着左杖座。剋限之後、被参左大臣里第。今日皇子七日也。上達部・殿上人饗、内蔵寮奉仕、官厨家并大膳職、後院儲盛屯食・荒屯食等。従蔵人所被渡絹二百疋・綿三百疋・信濃布五百端等、公卿以下給禄也。

(甲)同廿七(六カ)日(中宮并若宮入内事)、丙午、天晴、今日中宮御産之後、初自左大臣土御門里第、於枇杷院有御幸行啓事。供奉諸司・諸衛如常。公卿・諸臣皆悉参入。同日叙位。従四(位脱)上藤原頼宗、【左大臣息。】(勧賞事)従五位下藤原高子。【尚侍、乳母。】

(乙)廿六日、丙午、右大臣(藤原顕光)、大納言藤原道綱卿以下参着左杖座。今日中宮御参(産)之後、初自左大臣(入内事)土御門第、行啓枇杷院。諸司・諸□(衛)供奉如恒。公卿・諸臣皆悉参入。


(『御産部類記』後朱雀院)

＊伏見宮本『御産部類記』は、寛弘六年分のみ、「外記」(甲)、「又外記」(乙)の二本が収められているため、日付順に並べ、第一文が甲、第二文が乙として収録した。

《寛弘七年》

同七年正月十五日、己丑、於枇杷殿、有若宮(敦良親王)御五十日事。仍公卿参入。

閏二月六日、丙辰、於枇杷殿、(敦脱)良親王百日事。仍左大臣(藤原道長)、右大臣(藤原顕光)、内大臣(藤原公季)、大納言藤原実資卿已下参入。諸陣・官等給屯食等。

廿一日(若宮入内事)、辛未、无品敦良親王加輦、参枇杷方。


(『御産部類記』後朱雀院)

《長和二年》

外記日記曰、平座見参。

(『日本紀略』長和二年四月一日条)

《長和三年》

廿九日、丙午。参大内。孔雀抱子。従四月廿日許今月及廿日、後不還(孵)事。先年外記日記同之。

(『御堂関白記』長和四年八月廿九日)

《長和五年》

仍以外記令作宣命、已無旧宣命草、不注外記日記(四月二十七日)。

(『小右記』長和五年四月二十八日条)

九月三日、壬子、晴。早旦参内。依可有御禊也。【大嘗会年、仁和・天慶・安和止之。長和(長和五年九月三日)被行御禊之由、雖載外記日記、入道殿(藤原道長)御日記、被止御禊之由、所被注也。然而長元・永承・治暦・承保皆有御禊。以予(藤原為房)被奏院(白河上皇)之処、可被依近例者、被行之也。】

(『大御記』寛治元年九月三日条)

《寛仁元年》

寛仁元年八月九日、甲戌、天晴。諸卿遅参。仍無政。是日於一条院内裏奉立皇太弟(敦良親王)。【春宮(敦明親王)日者被辞遁云々。】

早旦諸司装束於南殿。【垂御簾。】□□中如常。中務省入自西中門、預置宣命版位。【去尋常版位北一許丈。】式部省入自同門。立親王以下位標於左右庭中。

申二点、左右近衛陣列。天皇(後一条)不御南殿。于時内侍臨西檻召人。内弁右大臣(藤原公季)起右仗座着靴。昇自西階着殿上兀子座。次左右近衛将曹各一人、率近衛各五人趍到承明門代東西。将曹猶立壇下。近衛進開門退還。次闈司二人降自殿東階、経左近陣前着承明門代東西掖草墪座。次内弁大臣召舎人二声。大舎人四人立承明門代外屏幔内、同音称唯退出。少納言藤原朝臣良経入自同門西扉、進立尋常版位下。【殆欲行遇(過)版位之間、於殿上有呵叱之音。仍返立版位。是大失礼也。】上宣、召刀祢。少納言称唯退出、【須右返也。而左返、失礼重畳也。】召之。大納言藤原実資卿、権大納言同斉信卿、権中納言同行成卿・同教通卿・同頼宗卿、参議同兼隆卿・源道方卿・藤原公信卿・同朝経朝臣参入。諸大夫入自同門東西扉。参入列立標下。立定之後、内弁大臣召宣命使。権中納言藤原行成卿称唯、経右仗南頭昇自西階進立内弁大臣後、賜宣命退降。暫立軒廊東第二間砌上。是間内弁大臣降殿。進立庭中標下。立定後。宣命使進立宣命版位下。宣制一段再拝。又宣制一段再拝。【或説、有舞踏。然而存式文。】其宣命者。

現神と大八洲国所知須倭根子天皇大命良末と勅大命乎親王諸王諸臣百官人等天下公民衆聞食と宣。此年国家も凋弊たれは公費在倍岐政波行給波志と所念行度も、皇太子定置介留敦明親王波霧露相侵志天監撫仁不堪留由頻辞遁申とも再三納賜者佐るニ、謙損之心益深くて休退之思弥苦奈礼波、敦良親王者朕加同胞乃親多留加内仁天性恭恪尓天風恣岐疑奈留加儲貳之位尓材幹最至礼留を旧例も在尓依天奈牟、皇太弟と改定給不。故此状乎悟天仕奉礼と勅天皇御命を衆聞命と宣。

寛仁元年八月九日

事訖。宣命使□公卿自東退還。如本列立定之後、公卿以下一々□代如入儀。訖公卿以下着陣座。□臣□直廬、【別納。】被行坊官除目後、還着陣座。令参議清書召名給於式部丞。次経奏聞、召右少将源顕基、右近少将藤原兼房等。依例仰可奉仕啓陣之由。相率召仰率将監以下府掌以上各一人近衛各十人参向東宮。次公卿相共参向東宮、令啓悦由。蒙仰後拝舞如常。先是東北対儲饗座。仍公卿以下著座。座闌已後各有被物。及亥時各退出。又今日被定東宮蔵人殿上人云々。

外弁。

是日有奉立皇太弟之事。仍於一条院承明門代前行外弁事。其儀式、早朝掃部寮立兀子并床子於承明門代西片扉。東上南面。為公卿以下座。次南方庭中立四脚。【一脚少納言弁。一脚外記史。一脚史生二人座。一脚官掌召使座。但外記前立床子一脚。置日記筥料、、、】。次二剋、権少外記高橋国儀、右少史津守致任率史生二人・官掌・召使等、就床子座行事。【東面北上。】次少納言藤原朝臣良経、右少弁藤原朝臣資業同参著床子座。【東面北上。】次左右兵衛府承明門代外東面立胡床各□（二格カ）。【兵衛等服中儀。】但不立平張。又主殿寮承明・長楽・永安門代前立屏幔。【但長楽・永安門不開。】于時式部・

兵部、弾正、丞・録、忠・疏等、各率史生・省掌等、列立承明門前屛幔外西、教正容儀。少選大納言藤原実資卿、権大納言同斉信卿、権中納言同行成卿・同教通卿・同頼宗卿、参議同兼隆卿・源道方卿・藤原公信卿・同朝経朝臣著兀子并床子座。次諸大夫等列立。次大舎人四人列立承明門代前屛幔外。于時内弁大臣喚舎人二声。即大舎人四人趍出承明門前壇、同音称唯趍復本所。次少納言藤原朝臣良経入承明門西扉、就版位承内弁上卿宣、称唯。須臾退出、々同門壇下召之。公卿一々参入、次諸大夫相分左右、自東西扉一々参入訖。

春宮

傅正二位藤原朝臣公季【兼】

学士正四位下藤原朝臣広業【兼】

学士従五位下藤原朝臣義忠【兼】

春宮坊

大夫正二位藤原朝臣教通【兼】

権大夫従三位藤原朝臣公信(マヽ)

亮正四位下藤原朝臣惟憲【兼】

権亮正四位下藤原朝臣公成(マヽ)

大進従五位上藤原朝臣惟任(師イ)

権大進従五位上藤原朝臣章信(マヽ)

少進従五位下源朝臣懐信

権少進正六位上藤原朝臣資国

大属正六位下小槻宿祢員(貞カ)行【兼】

少属(マヽ)　宇治宿祢忠信(マヽ)【兼】

少属(マヽ)　林宿祢重通

主膳監

正々六位上藤原朝臣孝茂(マヽ)【兼】

主殿署

首正六位上三善朝臣基時

主馬署

首正六位上藤原朝臣庶孝(マヽ)【兼】

八月廿一日、丙戌、天晴、此日皇太弟初参御所、朝謁天皇。其儀、申二剋。皇太弟出東北面対(衍カ)西行乗御(マヽ)在所殿南庇参給。前摂政(藤原道長)并傅右大臣(藤原公季)、坊官大夫権中納言藤原教通卿・同(藤原)頼宗卿等立前後。他坊官等於殿下伺候。

皇帝御倚子御座。【此御座立於殿南第四間、南面。】皇太弟進而拝舞、【於後(孫カ)廂中間拝舞。】訖退出。于時天皇下倚子御座。御平敷御座、更令内侍召還、皇太弟還参著座。【南第三廂間置褥一枚、西面。】頃之掌(典カ)侍々子(源陟カ)、取御禄、【御衣一襲、青色表御衣・蘇芳陽(御カ)下襲・綾表御袴・今(大口カ)御袴・阿古女等、并白綾細長一襲也。】摂(藤原頼通)政取御禄授於大夫卿。其中以袙・単御衣奉保(係カ)御頸。又歩進南廂、再拝舞踏。退出儀式・行列如初。便参皇太后(藤原彰子)宮。【是御在所殿東妻也。】又再拝舞踏。依母后(彰子)御気色入御簾中、有御禄。【女装束一襲。】以単御衣奉保(係カ)御頸、再拝舞踏又如初。此間作法神妙。上下之者、感涙難禁、推而可察。

次大夫以下進以上給禄各有差。【大夫白大掛一襲。学士・亮・大進等各紅衾一條。六位進(藤原資国)黄褂子一領。於瀧口辺蔵人範(藤原)永賜之。北上西面、再拝舞踏。】皇太弟御本殿、公卿以下有饗饌也。

同日、勧学院参。臣(乍カ)立令取見参。給禄還遣(マヽ)。

同日、前坊大属大宅恒則・史生坂上時道・蔵人通範(藤原)民(等カ)持参坊官(印カ)。依先例令納外記局。

廿三日、戊子、春宮大属小槻貞行率史生・蔵人・坊掌参入、請御印。即被請(取カ)文出進了。

同日、左右馬寮御馬各二疋被率度。左馬医師調吉光・右馬医師紀村松等令率参了。

九月九日、甲辰、平座如常。権大納言源俊賢卿、参議藤原公信卿依召参入。奏平座見参如常。今日、於右近馬場、試春宮坊帯刀騎射。勅使参議右大弁朝(藤原)経朝臣。

春宮坊

正五位下行兵庫頭平朝臣孝明

内匠頭従五位上藤原朝臣経国

左衛門佐従五位上行藤原朝臣惟忠

従五位上行右馬権助源朝臣頼職

従五位上行右馬助源朝臣為弘

刑部少輔従五位下源朝臣相奉

従五位下守(縫殿頭従五位下カ)縫殿頭藤原朝臣貞利

大監物従五位下藤原(朝臣脱カ)至孝

大蔵権少輔従五位下源朝臣仲舒

従五位下守中務権少輔平朝臣永盛

奉　令旨。件等人宜為陣頭者。
寛仁元年九月九日　正二位行権中納言兼左近衛大将
藤原朝臣教通奉(小字カ)。
春宮坊
正六位上行(守カ、以下同じ)大膳権亮藤原朝臣親王(マヽ)
正六位上行内匠助橘朝臣俊経
正六位上行図書権助藤原朝臣有任
正六位上行主殿権助橘朝臣正平
正六位上行掃部助藤原朝臣棟方
正六位上(行脱カ)玄蕃助藤原朝臣知通
正六位上行主殿権助平朝臣挙影
奉　令旨。件等人宜為侍者(者脱カ)。
寛仁元年同上。
十月八日、有仁王会。未立諸社使之前。
廿六日、辛卯、□後権大納言源俊賢卿、参議同道方卿・藤原通任卿・同朝経朝臣著左仗座。依東宮初被立山陵使、柏原・深草道方卿、邑上・後邑上通任卿、円城寺朝経朝臣、并次官等参入、于時上卿召少内記揚(橘カ)為賢令進宣命草。即令蔵人修理助藤原範永令奏如常。今日戌二点、立右大臣御倚子。但中納言于(之カ)時倚子也。
宣命
天皇我詔旨と掛畏支某山陵尓申賜へと申久。頃年水旱示(不カ)節天人民疲労之留(太カ)尓依天、有費牟事波不行給之と所念行と毛、随法尓可有岐政と為天ス(奈カ)乎、皇太子敦明親王乃辞遁乃替尓、敦良親王ヲ皇太弟と定賜不。故是以、此状を官位姓名を差使弖、恐み(恐美脱カ)毛申賜ハクと申。
寛仁元年十月廿六日
（『立坊部類記』）

《寛仁二年》

寛仁二年正月五日、天晴、今日御元服後宴也。内弁左大臣(藤原顕光)喚舎人。少納言進立版。大臣宣、喚大夫等。右大臣(藤原公季)以下立庭中標下。内弁左大臣降殿加立列位。次上寿者大納言中宮大夫藤原道綱卿(六十四)。【択寿考者。】昇自南階、詣御酒台所北面立。采女□(奉カ)御酒一盃、授(衍カ)権大納言道綱卿、搢笏受盃。進到御座前授陪膳采女、受杯進置御前。

于時道綱卿執笏北面跪奏曰、掛モ畏支天皇我朝庭爾仕奉留親王諸臣等、恐ミ恐ミモ申賜波久。掛毛畏支天皇朝廷、令月の吉日に御冠加賜比天、百礼具備リ万民同悦太天万ツル。不勝此大慶之天、謹上万千歳寿許トヲ、恐み恐みも申賜波久ト奏。俛伏興再拝。群臣皆共再拝。采女取御杯奉天皇（後一条）。挙酒。群臣上下皆舞踏、三称万歳。皇帝挙酒。了陪膳采女進受虚坏（盃）授采女。采女受置於台上。上寿者退下就本列。其後公卿昇殿着座。【無謝酒儀、例也。貞観式、寿者先就。而今依承平（朱雀天皇）例次第着之。】

（『主上御元服上寿作法抄』）

《寛仁三年》

寛仁三年二月十九日、丁未、東宮（敦良親王）御元服事被定云々。四月七日云々。

寛仁三年八月二十八日、壬子、今日、有皇太子御元服事。摂政（藤原頼通）内大臣、右大臣（藤原公季）以下参入。天皇（後一条）出御南殿。理髪権中納言源経房卿。加冠右大臣。

（『東宮御元服部類記』）

寛仁三年八月廿八日、壬子、天晴、是日依有皇太子加元服之事、無尋常之政。払暁諸司装束紫宸殿。【其儀具見去十三日被卜（下）儀式也。】左近陣・公卿座前立斑幔。宜陽殿西廂北一二間引斑幔、扶（校）書殿・弓庭□□□（殿前等カ）立同斑幔。□□□（階下東カ）西依例鋪座。開長楽・永安両門、運入百具屯食、舁立南庭東西。【盛十五具、荒八十五具。】東方五十具、立長楽門西、（扉西脱カ）承明門東第一間。【盛七具立前、（脱）荒三具立後也。】西方五十具、立永安門東扉東、承明門西第一間西。【盛入（八カ）具立前、荒卅二具立後。】春興殿西廂砌外、長楽門東扉庭立禄辛櫃卅合。【皆具覆・杌等也。】宜陽殿東庭休廬四面砌外、廻引斑幔、【南北立屏幔。】其内装束、春宮坊所奉仕也。母屋南一間、【東・西・南三面。】懸簾、其内立屏風二帖・几帳等敷御座。東・西・南廂敷鋪設。【坊司并殿上侍中・陣頭等候。】春興殿東庭立七丈幄一宇、【卯酉為妻。】為春宮坊献物所也。【件献物大夫・卿所儲云々。】其東立五丈幄一宇、為殿上公卿已上饗弁備所。其北立五丈幄一宇、為啓所。【並下二字子午為妻。】午二剋皇太子□□□（自凝香）舎御休廬。【太子着糸鞋。】御前候、帯刀四人、【左二人、右二人。】

次学士二人、【藤原広業・同義忠。】次亮二人、【藤原惟憲・同公成。】次大夫権中納言藤原教通卿、権大夫参議同公信卿、次御(マヽ)皇太子。御後候、摂政内大臣・右大臣・大納言藤原道綱卿・同実資卿、権大納言同公信(任)卿、権中納言同行成卿・同頼宗卿・源経房卿・藤原能信卿・同実成卿、参議同兼隆卿・源道方卿・同頼定卿・藤原朝経卿・同資平朝臣并四位、五位、陣頭、蔵人及蔵人所等人也。此間少納言、中少弁、外記、史等着陣腋床子。皇太子御、各下床子跪候其前。【但其途出御自凝華舎、(入脱カ)弘徽殿南中門、経承香殿北廊、出麗景殿南中門、経温明殿北、南折御休廬。】其後天皇御幸(于カ)南殿。次主水司軒廊西第二間設洗手具、候官人等。【官先一日召仰諸司令進件具。】椋・手洗各一口、手印(巾)一条内蔵寮進。八足机一脚木工寮進。楊莒一合内匠寮進之。】未一剋、皇太子傅右大臣正二位藤原朝臣起左仗座、出自敷政門参休廬。于時皇太子出休廬、入自敷政門、参上殿上着尋常座。【自休廬至東階、御前候傅并大夫。】右大臣、【加冠也。】権中納言源経房卿【理髪也。】共昇殿、着南廂兀子。次加冠右大臣、理髪経房卿降於□(軒カ)廊各洗手、共参上如元着南廂兀子。皇太子并理髪人起座、(着脱カ)加冠座、理髪訖。次右大臣起南廂兀子、参進加冠、了各還着南廂兀子。即太子起座入北廂。加冠・理髪人退降。太子改換御衣出御。加冠右大臣又昇殿、立南階東頭。太子当御帳再拝、了加冠人共降殿。太子御休廬。傅并大夫相従如初。次加冠・理髪人参上、各着南廂兀子、給禄物。即下自東階、於庭中拝舞、【南階東辺、西南(面)北上。】畢退出。【此間殿上行事群儀注式文。但右大臣休息春興殿東廂宿所。】天皇還御本殿。次坊司参上、撤殿上加冠座及倚子・厨子・机等。諸司更立殿上公卿已上座、如節会之時。内膳調備御膳、造酒司候御酒器、主膳監弁備皇太子饌、内竪(豎、以下同)等舁台盤、立殿上公卿座前。本宮儲饗。【内竪益送。】造酒司立(脱アルカ) 朝(胡)瓶儲酒器、四位・五位饗数二百前。于時右大臣於左仗、召大内記藤原義忠朝臣仰云、詔書・位記清書畢者。義忠之由承(誤脱アルベシ)可催由官諸司之由。申二剋大内記藤原義忠朝臣詔書・位記入莒覧、右大臣覧了即令齎義忠等、参進弓場殿被奏覧、了即還着左仗座。于時掃部寮舁案、立軒廊西第二間。左近将監狛光高、少納言藤原信通、鈴代掃部属立野正頼、入自日華門軒廊南(立脱カ)。【北立。】鈴代正頼乍持印盤、進寄宜陽殿西廂、開辛櫃取出印置印盤。還進軒廊置案上、退立少納言之後。此間中務輔代候左近陣座。于時上卿喚、輔代応召参進、賜位記五巻。【入筥。】即度(渡)南廓置案、少納言共捺良(印)如常。退(即カ)進上卿、【仗座前膝突奉之。】従敷政門退出。少納言、鈴(代脱カ)、近衛将監等従日華門退。次大内記義忠自敷政門参入、給件位記。大臣起座、経階下進向弓庭殿、付蔵人令復奏。了還左仗、召坊司給位記。叙(以下空白。人名脱カ)

酉三剋、左右近衛中少将已下近衛已上、南階左右立胡床陣之。次天皇出御殿。近仗起。次皇太子出休廬、入自敷政門参上殿上。【此殿太子着靴。】傅并大夫従之如前。次諸卿起左仗座、出敷政門着靴、入自日華門。諸大夫共皆列立南階東。【親王以下参議已上一列、四位已下五位以上、公卿後三列、相重。皆北面西上。近仗座(起)。】立定謝座再拝。春宮亮藤原惟憲朝臣執空盞、出自軒廊授貫首(藤原実資)還入。大臣已下謝酒再拝。惟憲朝臣進出、返空盞還入。次大臣已下一々退出。【参議已上即自東階昇殿座。非参議・四位已下相方(分)着春興殿・宜陽殿西廂座。但今日事依為慶賀、重服之輩不預此列。】次春宮坊帯刀六人入自敷政門、南階左陣後立胡床居陣之。哺(晡)時公卿降殿、出自敷政門。諸大夫出自日華門。皆捧献物入自日華門、列立南庭如初。【但版位以東立也。捧物数百捧、鳥類付草木枝。菓子・魚類入方折櫃居高坏也。】立定之後、始自貫首悉称物名。【此間月華門外、進物所・膳部等祗候。】畢貫首喚膳部、二声。膳部廿五人版位(自脱カ)南走度(渡)馳道、膝突受一公卿之捧物。【干鳥。】膳部等次々受参議已上捧物、相連次第還出。【但空手還者十人。是依参議以上之員。】諸大夫皆捧献物、進出月華門附進物所。此間参議已上依次昇殿、四位已下諸大夫更廻北、入(自脱カ)日華門着本座。次階下東西着饌。【皆用突重。】内竪等献殿上飯。戌三剋主殿寮秉燭、入自日華門(衍カ)・月華両門列立庭中。以左右近衛(将曹脱カ)各一人令開長楽・永安両門。次弁二人【権左中弁藤原重尹・右少弁藤原資業。】起階下座、率史二人、【右少史宇治忠信・左少史滋野斉通。】官掌二人(日下カ)【早部保理・大秦善政(吉理)。】退出従長楽門。於承明門外相分、人(入カ)従長楽・永安両門、当承明門内東西妻柱、各立左右屯物之辺。官掌持分給屯食之書、各留立両門。于時六衛府舎人左右次(相カ)分昇出件屯物、分給諸司所々料。運出之間、自東西雑人出来乱取了。已追出雑人。不幾日華・月華両門外作音声。有蹔治部少輔平信重率官人・伶人、入(自脱カ)日華門列立承明門東頭壇下。雅楽頭清原為成同前入(自脱カ)月華門、列立同門西頭壇下。了大唐・高麗互奏二舞。【左萬歳楽四人、次喜春楽四人、右皇仁四人、次地久四人。】了少外記惟宗順孝起階下座、見参文狭(挟)文判(刺)、東階下立随(マヽ)、右大臣自殿下取之、昇殿奏覧了。次諸卿出自敷政門入従日華門、春興殿西廂次第列立就給禄所。防(坊)司開辛櫃、依次給之。【但須有庭中。而依雨降用雨儀。】受之後、宜陽(殿脱カ)西廂次第列立拝儛、【西面北上。】退出。亥剋事了、天皇御本殿、皇太子還本宮。大臣以下率引参春宮随(坐カ)殿上。諸卿以美物即儲。次事了、各退出畢。

(橋本義彦校訂文『東宮元服記』)
(橋本義彦『平安貴族社会の研究』収録)

《寛仁四年》

法成寺阿弥陀堂九体仏八、宇治殿(藤原頼通)以下公達、各相分天令造立之後、自北(小)南殿【予(中原師元)案云、寛仁四年二月廿四(廿七カ)日、自上東門被運之由、見外記日記。】被奉渡御堂車八両。

(『中外抄』上、久安四年五月二十三日条)

寛仁外記(寛仁四年十一月二十一日)云、群臣上下皆共再拝。采女取御盃奉皇帝(後一条天皇)挙酒盃。群臣上下皆舞踏三称万歳。皇帝挙酒了。陪膳采女進受虚盞頭授之。

(『洞院家記』)

《治安二年》

国忌日行季御読経例。【外記日記。】天慶四年三月十七日。天暦元年三月二十二日、同三年三月十七日。治安二年三月二十二日。

(『西宮記』恒例第三、九月、季御読経事)

《万寿三年》

万寿三年正月十九日、丁酉、是日有大(太)皇太后(藤原彰子)宮(衍カ)職御出家事。僧綱僧名(マヽ)等随其召参会。次大臣以下参上皆参。以子剋御出家。召(即カ)被院号宣旨。又無止女房等同以出家。次院司等被補之後、大臣以下各分散。

（『院号定部類記』）

《長元四年》

同日(長元四年十一月一日)外記々云、今日依雨儀、御暦奏并番奏等、依宣旨内(付脱カ)侍所了。

（『平戸記』仁治元年閏十月廿二日条）

《長元七年》

長元七季七月十八日、乙巳、一品貞子(禎子)内親王有御産(尊仁親王)事。

（『御産部類記』後三条院）

《長久元年》

外記記云、十月廿二日、左大臣(藤原頼通)室従二位源朝臣(隆姫女王)供養三井寺常行堂云々。

（『百練抄』長久元年十月廿二日条）

外記

永承五年十一月一日、癸巳、今日朔旦冬至也。於京極院有旬事。其儀先兼■、。右中弁藤原資仲朝臣仰造曹司別当左(少史大宅元範カ)、、、宅、、、進賀表函并案。【筥以朴木作之、以紺地小文錦為折立、置花足盤上以作之。案以桧作之。淡浜椿色。以同錦敷面四方臥。但四角垂組緒□(打カ)金物。】又関白左大臣(藤原頼通)召大外記中原朝臣貞親仰云、宜仰式部権大輔藤原国成朝臣作進賀表者。随則遣仰其由。其後以草案進上、貞親朝臣奉覧之。下給。貞親朝臣参局召遣内匠頭源朝臣兼行、於侍従所辺令清書之。【白色紙。】其後令持史生給。諸卿御判。当日未剋右大臣(藤原教通)以下参着右仗座。此間着縫腋。使部二人舁表案、立上官床子前、立蔀北。【准温明殿也。】右大臣召大外記中原朝臣貞親仰云、御暦奏可付内侍所。

又未得解由者、可令候座者。奉仰□　□仰畢。次史生二人舁案、立宣仁門□　□。少外記惟宗孝言、権少外記中原師平二人舁同案、入自宣仁門渡小庭前、立南殿西軒廊第一間。【南北為妻。】退出之路同前。諸卿（マヽ）、次諸卿起仗座、列立軒廊南辺。【大臣一列、納言一列、参議一列、《各東面北上。》両儀之時列立軒廊内歟。】立定之後、右大臣進案下執表函、付内侍令奏。復本列之後、諸卿還着仗座。次外記趁進自前路舁案退出。次天皇（後冷泉）御出南殿。其後諸卿起陣座、着靴列立前所。内侍臨檻喚人。次侍従左馬頭源経信朝臣率出居右近権中将源隆俊朝臣、昇西階着座。次諸卿昇自同階着座。次々侍従等入自西中門着座。次[redacted]出居[redacted]中将喚内竪二声。内竪於中門外同着称唯。即内竪別当主計允紀致業趁立庭中。中将宣云、給御飯。称唯退出。即内竪等舁大盤立殿上。又所司次侍従前立大盤羞饌。次内竪四人持下器[redacted]東度、至膳所受粉熟、還出分盛他器羞諸卿。又内竪四人持下器度東、受盛物羞諸卿。此間出居侍従経信朝臣退出。次酒番侍従二人【侍従所監源朝臣清政、図書頭藤原朝臣康輔。】持盃酌昇自東階羞諸卿。三献之後、須有召諸大夫、着宜陽殿座。【未得解由者在此中。】而今度無其召。仍不着座。次近衛将曹率近衛二人開中門。【開左掖門、尋常内裏。】即闈司一人入自開門就版位、奏諸衛番奏候由。【有勅答。】闈司称唯退出。次諸衛、【左近少将藤資宗、右近少将同長房、左衛門尉藤行房、右衛門権佐源朝臣長季、左兵衛佐藤原朝臣敦家、右兵衛佐同師基。】各持牘入自同門、列立版位南。【西上北面尉者、南一許丈立之。】互奏如例。【有勅答。】諸衛各伝取授闈司、々々取之、昇自南階付内侍退出。次右大臣着陣座。挿五位以上見参於文刺奉覧、大臣覧畢返給。外記取乍候膝突、如元挿文刺磬折立小庭。次右大臣起座進軒廊下、余々祗候。大臣取見参昇殿奏之。【此間外記徘徊便所。】奉覧之後返給。大臣給之、降自西階立軒廊下。外記進見参給空文刺退出。次大臣還着仗座、召少納言藤原朝臣成経給見参。成経朝臣給之退出。其後大臣起座昇座。須少納言給先就位召唱。而雨脚俄降不有此儀。亥剋天皇還御、右大臣以下各退出。

（『朔旦冬至部類』）

《天喜元年》

天喜元年六月廿日、己丑、今日東宮女(藤原茂子)御有御産事(貞仁親王)。是日、被始御浴殿事。【紀伝学士藤原実政、明経助教中原貞親。】

（『御産部類記』白河院）

《康平二年》

今年、皇居連日放火。世以為奇。令諸道勘申之由、見外記々。

（『百錬抄』康平二年条）

《治暦二年》

治暦二年正月十六日。【外記云、主殿允清高(粟田カ)為代。内豎別当頼成(中原カ)(為代脱)。】

（『三節会次第』造酒正不参例）

《治暦四年》

治暦四年外記日記曰、六月廿一日、辛酉、早旦、天陰、降雨。今日行幸神祇官。依伊勢奉幣事也。巳刻諸衛百官皆参。午刻関白左大臣(藤原教通)、内大臣(源師房)、大納言信長(藤原)、権大納言経輔(藤原)、権中納言経長(源)・能長(藤原)・俊房(源)・顕房(源)・祐家(藤原)・隆俊(源)卿、参議泰憲(藤原)・資綱(源)・能季(藤原)・経信(源)卿。午二刻天皇(後三条)出御。雨脚俄止行陣忽成御輿、【葱華。】寄東対南妻庇中間。【掃部頭大江朝臣佐国取小莚兼候御輿東辺。】右大臣(藤原師実)、内大臣、諸卿・左右近衛等列立南庭。須臾出御。大臣・納言・参議於右衛門陣下騎馬供奉。諸司於堀川【二条。】橋西騎馬。【于時御閑院内裏。】文武百官悉騎馬、行列於郁芳門下。公卿次第参入列立御所庁屋東幔外。須臾御輿入御。【於北門下祭主元範(大中臣)跪献大麻。】左右近中少将・近仗警蹕如常。次大臣以下著幄座・弁・少納言・外記・史著座。此間上卿(藤原師実)召喚使両三度。次召官立座著御所東屋床子座、召少納言・大舎人等称唯如例。大内記・外記・史皆立座候東幕下。大内記藤原成季趨前授宣命清書、大臣(藤原師実)須臾下給奉幣使成清王。成清王退出、大臣退。諸卿立座趨出於郁芳門橋下騎馬如初。申刻還御。【如御出儀。】大臣退、諸卿退出、百官分散。

七月廿一日、辛卯、今日即位於太政官庁。【春秋三十五。】所司先一日装束如元日儀。卯二刻、右大臣参陣頭召大内記藤原成季、先奏宣命。次自殿上以蔵人中務少丞源忠季、大学権助同時綱給位記筥三合。大臣召内記、【大内記成季、少内記藤原時経・同敦基等参入。】下給其筥。頃之宸儀出御前殿。少納言藤原実宗俄申病由退出。仍右近衛少将源道時鈴奏訖。御輿出北門経大宮大路入自待賢門就太政官庁北後房。【仮造七間二面桧皮屋、東道朝所、西簷西退造東司、東簷南北各公卿同以七間也。】先是、壊南門移造民部省北垣。【新加二間為五間。】以省庇屋為外弁座。【擬朝集堂。】東西庁身屋幄打簾代、南北行曳布斑幔。其庇南妻平頭立亘銅烏日像月像幢并朱雀青龍白虎玄武等旗。自余装束各依便宜。午刻内弁右大臣著礼服、入自東庁北廊小門、【擬昭訓門。先日也。権少外記文室相範就大臣休幕。《代官件休幕在東門外南。》】就軽幄座。【去東庁西壇一許丈当北第三間。大外記三善為長、左大史小槻孝信・惟宗実長等引率六位以下史生・官掌等祗候幄後平座。行事正庁巽壇下設座為内記候所。】典儀少納言源公盛、賛者二人、【諸司二分。】入自西庁北廊小門。【准光範門。】次大内記藤原成季、小外記佐伯政輔、権少外記文室相範等以位記筥置大臣前案上。【少内記未候座。仍以外記令勤仕。】次大臣仰内豎令召二省。式部大丞藤原忠宗、兵部少丞同季綱参入賜下名。次亦召同両省輔丞等。式部輔代散位藤原兼業、丞代大蔵少丞藤原親俊、主計少允宗岳公能、兵部輔代内蔵助藤原親房、丞代大蔵丞大江兼成等参入賜位記筥。経華楼陣前、【如式者須経陣後也。而渡其前者失也。】件陣当東西第一間壇下。隊列左大将代阿波守高階朝臣章行、中少将代各居南北西面以中為上。右大将代越後守藤原朝臣長宗、中少将代一行在南東面北上。左右行列未知何。各是故実歟。】置庭中案上。次兵庫撃外弁皷、諸門皆応。【殿下不応。】次伴佐伯両氏各著礼服、【権帯剣。】率門部三人、【不帯弓箭。】入自東西腋門、居南門内左右、【壇上用胡床。】門部座於門下。【去壇一丈当門北楹。】次二九執翳、二行就壁下座。【以南為上。】

次褰帳女王二人(左信子女王、右藤原行子)、威儀命婦四人各著礼服相分以次就座。威儀侍従四人少納言二人自東西廊参上殿第二間相対而立。【左式部卿敦賢親王、散位従四位下源朝臣俊輔、少納言代丹後守藤原敦基。右参議左中将藤能季卿、散位従四位下藤原朝臣実季、少納言代宮内大輔藤原朝臣重房。】次伴・佐伯両氏降壇北向立門下、門部開門。次兵庫頭藤原朝臣隆資、内弁幄南頭云、令撃召鼓。大臣宣令撃、称唯退本座。喚鼓師、令撃召鼓。【諸門皆応。】其時大納言藤信長卿、同経輔卿、権中納言源顕房、同隆俊卿、参議藤経季卿、源経信卿各著礼服参入。未刻、天皇服冕服、御高座。撃褰帳鉦。【三下。】次褰帳女王登東西以針結帷子如八字。【女官相従扶之。】二九女嬬奉翳東西参進、【東右中弁藤隆方、西権右中弁伊房(藤原)各以陪従。】褰御帳了復座、執翳者同還本座。宸儀初見、執仗称警。主殿・図書官人各二人著礼服、(東カ)、更西鑪焚香。【主殿生炭、図書焼香。】畢各復座典儀云再拝、賛者承伝百官再拝訖。宣命使権中納言隆俊卿就版宣制、両段再拝又舞踏武官振旗。宣命使本列二省召給位記叙人拝舞。【此間列立公卿暫退東掖外。】典儀(源公盛)曰再拝、賛者承伝、群官倶以再拝。次左親王(敦賢親王)進御前傍、行数歩北折、跪膝行数歩、称礼畢却退如初、進復位。撃下御帳鉦。【三下。】二九女嬬奉翳、二人命婦垂帳訖。各復本座。天皇還御後房、閤内大臣令挝退鼓。【諸門皆応。】侍従等退下、大臣退出訖。酉刻車駕還宮。【今日扈従関白左大臣、内大臣、権大納言源隆国卿、権中納言源経長卿・藤能長卿・源俊房卿・藤忠宗卿・同祐家卿、参議藤泰憲卿・同宗俊卿・源隆綱卿等也。】但隆国卿祇候御装束所不供奉、行幸著礼服也。納言・参議直参休幕又以退出云云。

(『礼儀類典』二六三、臨時、即位一)

《延久元年》

外記 治暦五年二月十七日、甲寅、午後右大臣(藤原師実)以下諸卿参着仗座。被下院号宣旨。于時右大臣宣、奉勅宜停太皇太后宮職為陽明門院(禎子内親王)殿(衍カ)、進・属為判官代・主典代曽(者カ)。又年官年爵如旧事。事了各退出。

(『院号定部類記』陽明門院)

《延久二年》

(延久二年二月)廿六日、惣持院焼亡。【外記々云、不詳。】

(『帝王編年記』後三条院)

《延久五年》

延久五年五月七日、外記々云、右大臣、【(源)師房公。】権中納言藤原祐家卿・源隆俊卿、参議同隆綱卿等給素服云々。

(『師守記』貞治三年七月廿六日条)

《承保元年》

外記
承保元年六月十六日、壬午、(白河)天皇自高倉第還御。【御疑本＊舎。】今日民部卿(藤原俊家)被下院号宣旨、改太皇大(太)后宮職号二条院(章子内親王)者。件宣旨先例官外記相共可被下也。【外記方院号年官年爵等事、官方御季御服封戸等事。】而今度偏被仰下弁。若有先跡歟。

(『院号定部類記』二条院)

＊「疑本舎」について、引馬文庫本『院号定部類記』所収の藤原教通の「澄池記」同日条には、「今夜、主上従高倉第遷御内裏飛香舎云々」とある。一方、藤原隆方の「隆方朝臣記」同日条には、「亥剋従高倉第還御内裏凝花舎」とあって齟齬をきたす。

《応徳元年》

(応徳元年八月二十四日カ)応徳外記政記云、随衛府上卿之例垂纓。

(『吉記』安元二年五月二十八日条)

《寛治元年》

外記々
寛治元年二月、興福寺東金堂焼亡。【外記々不詳。】

(『帝王編年記』巻十九、堀河院)

《寛治七年》

外記
寛治七年正月十九日、丁酉、有院号定。以中宮職為郁芳門院(媞子内親王)。早旦左大臣(源俊房)以下諸卿参仗座、被下宣旨之後、相率被参彼院。左大臣宣旨勅停中宮職為郁芳門院、止進・属為判官代・主典代者。

（『院号定部類記』郁芳門院）

《康和二年》

外記々云、康和二年二月八日、乙巳、依召参大殿(藤原師実)、被仰云、去夜故殿(藤原教通)二条亭北廊火事之間有死骸、【侍雑仕女。】卅日穢。而左大弁(源基綱)并顕雅(源)朝臣等来語之間、乍著沓登南廊縁上。為穢哉否事、尋問法家儒士之処、国任(藤井)勘申云、式云定穢甲乙、注云謂著座如式文者。以著座為穢限。今限登簀子条、専非著座之儀。然則不可為穢者。範政(中原)申云、以著座飲食為穢限。乍著沓之人専非穢限云々。

（『園太暦』観応六年十月五日条）

《康和四年》

康和四季八月七日、己未、今夜女御従四位下藤原【苡子】退出里第。左少将顕隆(藤原)宅。御懐妊之後及五月。有御帯事之故云々。

（『御産部類記』鳥羽院）

《嘉承二年》

外記

嘉承二年十一月三日、甲寅、左大臣(源俊房)以下参入、有御即位定。次諸卿参加、有朔日朔旦日触不現賀表事。【匡房(大江)卿依殿下(藤原忠実)仰作之。予仰之。即被献左府、々々給料紙。以右少史中原定政清書。依無能書史生也。】但件表端載殿下御名。奥御暑(署)者、左大臣下。又先給殿下御判了。

（『朔旦冬至部類』）

《天永二年》

天永二年六月十一日、院(白河法皇)御領有死穢。件穢及院御所并内裏了。然而未及広。仍神今食可慎行之由、被仰下之由、見外記日記。

（『玉葉』建久二年十一月二十二日条）

《永久元年》

外記記

永久元年閏三月二十日、辛丑、興福寺大衆数千人参上於勧学院。訴申以法印円勢被補清水寺別当之由。
二十二日癸卯。大衆等帰去。被仰以永縁僧都改補之由了。
外記記
永久元年四月十六日、丙寅、近日延暦寺・興福寺等大衆企参洛、互可合戦云々。是天台大衆伐損清水寺房舎之故云々。公家雖被制止、不憚朝憲乎云々。天下之騒也。
二十五日、乙亥、被立三社奉幣使。【春日・大原野・吉田。】是興福寺大衆・神民不憚制止、而企参洛乎。可被相禦由被謝申也。上卿宗忠(藤原)、先定日時使弁書使定文。以五位為使。彼両方大衆等不憚禁遏而企参洛云々。仍差遣廷尉武士等於宇治・与渡・坂本・河原。
二十七日、丁丑、被立石清水奉幣使。【右少将源雅定朝臣。】被申両方大衆可和平之由也。上卿権大納言雅俊(源)、先定日時使等。
二十八日、戊寅、可停止相撲□参之由、被下宣旨了云々。
又興福寺大衆等不憚制止、而企参洛之由、警固所武士等令申院。晩頭内大臣(源雅実)参入。有軒廊御卜事。是興福寺大衆企参洛聞、可被行趣吉凶、并日吉社狐鳴事也。件大衆不可参洛之由、被下宣旨了。史生・官務等為使行向。
二十九日、己卯、国忌。延暦寺大衆等下祇園、依有興福寺大衆等不拘制止濫企参洛、於栗子山辺武士等相禦之間中矢。以下僧綱已講云云。
頃之権別当僧都永縁入来、相語曰、昨日引率僧綱等可参会院之由、自摂政(藤原忠実)御許被仰下。仍参上。仰云、大衆所挙申人々可注申者。権律師智芳、清水寺一和上僧両人間可被補者。而補任永縁由被仰下了。誠不思懸者。依為大衆訴、於永縁者不着勧学院、為本寺所司故也者。不上洛人々、正別当僧正前僧都真寛、権律師智芳・頼実、法橋隆信等云々。

(『永久元年記』)

《保安四年》

保安外記記(四年十月十五日)云、供奉外記・史・内記等、各着柚葉色絹縫腋袍、下重以下如例。内記用尻長下重。殊上官等着袍。
保安四年外記記(十月十五日)云、節下少納言公章(藤原)。少納言侍、布衣冠帯革履、□□□馬副相従了。少納言可着布袴。供奉外記・史・内記等、各着深緑縫腋袍。【柚葉色是也。】下襲表袴等如例。但内記用尻長下重。自余上官等如例。

保安四(十月十五日)外記記云、

前後次第司。

次官式部権少輔資光(藤原)、兵部少輔知信(平)、其装束平絹緋闕腋袍、柳打下重、萌木打半比、【繧着。】巡方、魚袋、文平緒、螺鈿剣、唐鞍、銀面、杏葉、頸総、髪袋、尾袋、雲珠。馬副四人、装束如例。手振四人、胡床、笏筥、豹、毯、装束如例。

判官、闕腋青絹袍、柳下重、【繧着。】青打半比、巡方、黒作剣、平緒、和鞍【ニ】結唐尾。手振二人、笏筥、黒褐、胡床、白袴、布帯、市比脛巾。

主典、同判官。但主典已上着靴。

主礼史生、黄染絹闕腋袍、布帯、深沓、虎皮行縢。【黄布以墨画文。】

保安四年(十月十五日)外記記云、衛府公卿帯弓箭。但右大将(源有仁)不然、但帯剣。今日、頓宮御禊座、公卿乍帯弓箭着座。但実行(藤原)・宗能(藤原)不着座。宗輔(藤原)・師時(源)着弓箭着座。

(『御禊行幸服飾部類』)

《大治元年》

外記記

大治元年閏十月十四日、乙亥、去夕、右大臣(藤原家忠)召式部大輔敦光(藤原)朝臣於里第、被仰可作進朔旦賀表之由云々。頭弁【雅兼(源)】内々奉仰、申大臣云々。

二十八日、己丑、敦光朝臣献朔旦賀表於右大臣、大臣以頭弁【雅兼】被献殿下(藤原忠通)、々々付同弁被奏院(白河法皇)之後、返給右府殿。次大臣召師遠(中原)、下給之。以権右中弁顕頼(藤原)朝臣可令清書者、相副料紙給之。

二十九日、権弁被送清書賀表。即以六位外記【高行(大江)】献殿下、給御判。次以史生給大臣以下御判。【用書杖加礼紙。】

十一月一日、壬辰、朔旦冬至也。仍有旬事。右大臣、内大臣(源有仁)以下参入。

二十二日、癸丑、是日、於摂政(藤原忠通)直廬被行朔旦叙位。今日雖凶会日、依昌泰延喜例被行之。明日依公家(崇徳天皇)御衰日不被

行之。左大弁為隆（藤原）執筆、被加行男叙位。【従四位下藤原行盛、策。正五位下中原師安、助教。従五位下和気成世、氏。】

（『朔旦冬至部類』）

《保延五年》

保延五年三月九日、去夕興福寺大衆等焼亡別当大僧都隆覚住房云々。

保延五年三月廿五日、乙巳、南都大衆明日可参洛之由、神主時盛（大中臣）内々言上。去八日焼掃別当法印房了。召権上座信実被付使庁使。又召衆徒張本不可有其沙汰之由、為訴申也云々。

廿六日、丙午、南京大衆・春日神民等発向之間、自院（鳥羽上皇）美作守忠（平）成（盛）朝臣以下、武士六人遣宇治橋。【引橋両三間停船往反。】又召国々軍兵遣淀渡云々。

廿七日、丁未、近日武士等依院宣行向宇治。是南京大衆有訴申事、依企参洛事也。

（※本条は本来、保延五年三月九日条と三月二十五日条の間に挿入されていたものである。）

廿七日、丁未、午剋大衆・神人等著宇治平等院大門前。安御榊、衆徒群集。依院宣件忠盛朝臣進申状。

廿八日、戊申、大衆帰南都。武士尚守護云々。

廿九日、己酉、依院宣武士等帰京。

（『南都大衆入洛記』）

保延五年七月廿八日、丙午、皇后宮（藤原泰子）院号宣旨。公卿左大臣、【有仁（源）。】内大臣、【頼長（藤原）。】大納言源師頼、権大納言源雅定・藤実能、中納言藤宗輔・藤伊通、権中納言藤顕頼・藤家成、参議藤実衡・藤重通・同家成（季）・同忠基・同公行。上卿左大臣、官方左少弁藤朝隆召仰大外記清原信俊。

左大臣宣、奉　勅宣、停皇后宮職為高陽院、改進・属為判官代・主典代。兼又年官年爵如旧者。

保延五年七月廿八日大外記兼博士信俊【奉。】

八月九日、丙辰、今日高陽院殿上始也。仍上皇（鳥羽）渡御被補殿上人・蔵人等。

廿日、丁卯、今夜高陽院自東三条進御三条烏丸殿。

（『院号定部類記』高陽院）

《康治二年》

康治二年正月三日、幸院（鳥羽法皇）。

外記記云、皇太后（藤原聖子）御贈物、自院被献之。御本一。裏白地錦。付松枝歟。権大納言行通（伊カ）卿取之。已内御方御贈物。

（『朝覲行幸部類』有御贈物）

《久安五年》

外記

久安五年八月三日、壬子、今日停皇后宮職、為美福門院（藤原得子）被補別当・判官代等。有拝礼、右大臣（藤原実行）先召大外記中原師長被仰下院司事。

十月二日、庚戌、是日美福門院殿上始也。

（殿上始）右大臣（源雅定）・内大臣以下済済参仕。

（初御入内）十月十日、戊午、美福門院院号之後初御入内也。（勧賞事不）諸卿多（見散位也）参仕云々。

十日、戊午、今日美福門院院号之後初御入内。

【久安五年七月、于時左少弁□□（藤原光房）。】蔵人左衛門権佐（藤原光頼）、久安五年七月廿二日、従四位下。

（『院号定部類記』美福門院）

《久安六年》

外記

久安六年八月五日、戊申、天晴、今日興福寺衆徒数千人、春日神民二百余人捧桙榊参洛。向勧学院訴申興福寺別当未補任事。

六日、己酉、今日南都衆徒参集殿下（藤原忠通）御直廬。四条烏丸春日社有供膳之事。称之旬御供。而其神在勧学院、供膳如何。対曰。今夜補興福寺両別当、明暁神帰本社。然后供膳可為上計。何廻他計乎。後聞不補別当。神猶不帰。被仰於本社可供之由。

十六日、(己未)、伝聞。今日法印権大僧都隆覚補興福寺別当。衆徒雖帰、明神猶留、遂助成其望。可信可仰矣。

七十五日可補隆覚。不被問右大臣（源雅定）及伊通（藤原）・宗能（藤原）・成通（藤原）等卿。【頭弁（藤原朝隆）問之。】各申当理之由云云。或者曰、法皇（鳥羽）心欲補隆覚。而口不言之。欲因諸卿議補之云々。先日禅閤（藤原忠実）密問。余（中原師業カ）曰、隆覚・尋範・覚継、皆望此職。於理誰勝。対曰、愚意所存隆覚為勝。是以禅閤（藤原忠実）示長者。殿曰、不尋他人、理非唯問。隆覚一人理非於諸卿従所申被補可宜長者。従之。

十七日、（庚申）、今日春日神還御本社。目之棹船帰洛着五条。禅閤仰曰、春日神過宇治之間奉幣馬如何。申可然之由。御勧学院之間余須奉幣。而依軽服不奉之。後聞春日還御延引

廿一日、（甲子）、今日春日神還本社。

（『南都大衆入洛記』）

保元三年正十、美福門院。【外記記。白川押小路。東宮同行啓。】

（『御遊抄』朝覲行幸）

《応保元年》

十二月十六日、甲寅、天晴、未時内大臣（藤原宗能）、大納言藤原忠雅卿、中納言藤原雅教卿・実長卿（藤原）、権中納言顕時卿（藤原）、参議光忠卿（藤原）・隆季卿（藤原）・顕長卿（藤原）・資長朝臣（藤原）参着右仗座。蔵人大進（宮内大輔）重方（藤原）就軾仰云、無品（内脱カ）親王（暲子）【依擬母儀、不講御名。】可有院号可定申。次資長朝臣発語次第定申。【定詞在奥。】次召重方被奏。次勅定之旨申大臣（宗能）。次大臣召大外記師元（中原）仰云、以無品内親王可為八条院。【年官年爵事不被仰。暫雖秉色（秉燭カ）不被仰。因准（循カ）退。】次召左少弁俊経（藤原）仰云、以無品内親王可為八条院。年官年爵御封如元。弁於床子、仰大史（左）永業（小槻）宿禰。【永業之（云カ）、年官等事被仰外記歟。午（予）間（問）（俊経カ）師元。々々示不被仰之由。】次重方就軾仰判官代・主典代事。次召師元仰云、以為親（藤原）・実清（藤原）可為判官代。以盛親（藤原）可為主典代。爰藤大納言被申大臣云、年官年爵事如何。大臣令問師元給云、件事前度給了。師元申云、先度不被仰。但弁奉由申候。大臣云、外記可奉也。師元申云、先例判官代・主典代不載交名於宣旨。是則停后位為院時例之。進・属名外記知之故歟。今度如何。大臣云、今度事大略新儀也。其名可載之。次大臣以下退出。無陽明門代出立事、依度々例也。

院号定詞等。

資長朝臣発語。【付御所者。八条院被用門号者。殷富門南方之間、可在勅定。】

顕長卿同之。
隆季卿。【八条院、藻壁門院。】
光忠卿、同資長朝臣。
顕時卿。【八条院。】
実長卿。【同顕時。】
雅教卿。【八条院、八字為吉、徳載八埏由被申。】
忠雅卿。【八条院。】
内大臣。【八条院。】
今日被補女院別当。
権大納言(藤原)光頼見　　権中納言(藤原)顕時
参議(藤原)親隆　　播磨守家明朝臣
権右(中脱)弁(藤原)成頼朝臣

（『院号定部類記』八条院）

《永万元年》

(外記)十月廿六日。興福寺金堂寺僧追次第可叙僧綱。又別当尋範可為御持僧之由宣下。此両事衆徒為雪清水寺焼亡之会稽欲発向。仍為散彼欝也。

廿八日。武士等帰京。衆徒蒙裁許帰南都故也。

（『百錬抄』永万元年条）

《仁安三年》

仁安三年三月十四日、丙子、左大臣(藤原経宗)、中納言藤実房卿、権中納言藤原宗家卿・同実国卿、参議同実綱卿着仗座定中院号事。蔵人頭権右中弁平信範朝臣奉行。停皇太后宮(藤原呈子)職為九条院。其儀如常。

（『院号定部類記』九条院）

《文治三年》

外記記

文治三年六月廿八日、戊戌、中斜右大臣(藤原実定)参入着仗座。其後大納言(藤原)実房卿、権大納言(藤原)実家卿、権中納言(藤原)隆忠卿・(藤原)頼実卿・(藤原)定能卿・(源)通親卿【外座。】・(藤原)経房卿【同。】・泰通卿・(藤原)兼ノ(光カ)卿、参議(藤原)雅長卿・(平)親家(宗)卿・(藤原)通資卿等同着座。親宗・雅長、大臣着陣之後着座。其後諸卿自殿上移着。通資卿纏頭参入、泰通卿議定了。(藤原)定経参(後白河法皇)院之後参入。不出一言。此間殿下(藤原兼実)自東陣北門令参給、令候御所邊給云々。右府召権少外記清原行俊、被問公卿参着。蔵人右衛門権佐定経進奥座、仰曰皇后宮(亮子内親王)可有院号。可被用何字哉。可令定申。左大弁(平親宗)発語、次第被定申。定経再三往反之後、被申院。【此間常燈。】帰参殿下。其後来陣、仰皇后宮可為殷富門院事等。諸卿多退出。【実房・実家・頼実卿等早退出。】右大臣移外座、令敷軾、召大外記(清原頼業)予仰曰、停皇后宮職【先例仰罷歟。】可為殷富門院、改進・属為判官代・主典代、年官・年爵如旧。予唯逆行退去。次召右中弁平基親朝臣【不服「取」(朱)笏参進。】、仰御季御服・御封雑物如元、停内膳御飯之由。弁立陣腋仰左大史広房(小槻)。戌刻事了。諸卿引被参院。【大炊御門富小路御所。皇(法脱)・女院御同宿云々。】殿下又令参給云々。予等退出。

(『院号定部類記』殷富門院)

《建久二年》

同二年二月廿六日、癸卯、天陰、時々雨降、今日未時院号定也。覲子内親王姫宮之。可為宣陽門。上卿左大臣、【実房(藤原)。】右大臣、【兼雅(藤原)。】内大臣、【忠親(藤原)。】権大納言隆忠(藤原)卿・同右近衛大将藤原頼実卿、権中納言藤原定能卿、左衛門督通親(源)卿、権中納言民部卿藤原経房卿・権中納言藤原泰通卿・平親宗卿、右衛門督藤原隆房卿、右兵衛督藤原兼光卿、権中納言源通資卿、参議太皇太后宮権大夫光雅(藤原)卿、右近衛権中将藤原公時卿、左大弁藤原定長卿、右近権中将藤原公継朝臣等着左仗座、各被定申院号字。次上卿以職事蔵人頭大蔵卿藤原宗頼朝臣被諸卿定申状。次宗頼朝臣帰着膝突、仰可用宣陽門之由。次上卿召右中弁平棟範朝臣仰封戸事。棟範朝臣着床子座、仰左大史小槻隆職宿祢。次上卿召少外記中原師公、仰年官年爵如旧、於判官代・主典代者於本院被仰云々。可尋注之次中納言定能卿少内記以業(中原)被下八条院合爵。【従五位下卜部兼清。】於殿上仰之。

七月九日、乙卯、天晴。今日宣陽門侍始也。

(『院号定部類記』宣陽門院)

《建久九年》

外記々

建久九年四月廿一日、戊子、今日上皇（後鳥羽）渡御二条亭。右大将頼実（藤原）卿已下諸衛一員供奉之。権中納言平親宗卿・蔵人左中弁藤宗隆朝臣奉行也。

（『仙洞御移徙部類記』第十三、後鳥羽院甲、二条殿）

《正治二年》

正治二年六月廿八日、壬子、天晴、今日申時院号定也。左大臣、【良経（藤原）。】権大納言藤原泰通卿、春宮大夫藤原忠経卿、権中納言藤原兼良卿・同公房卿、参議左中将藤原家経卿・参議左大弁藤原宗隆等着仗座。頭右大弁（藤原資実）参軾仰可被定申院号事之由。上卿以下被定申云々。次上卿以頭弁覧門名事再三云々。次上卿召大外記清原良業停中宮院（衍カ）号職為宜秋門院（藤原任子）、改進・属為判官代・主典代、年官年爵如旧之由被仰之。次上卿召左中弁藤原公定朝臣御季御服已下雑物如旧、内膳御飯従停止【遠。】被仰之。上卿已下退出。本院儀如常歟。大外記中原師重、左大史小槻国宗、権少外記大江良盛・中原景孝、右大史中原尚光、左少史三善長盛・同忠光、右少史中原家良等参入。

十月十九日、壬寅。天晴、今日宜秋門院殿上始也。

廿八日、辛亥。天晴、今日宜秋門院御幸始也。【自九条殿八条院御所云々。】

（『院号定部類記』宜秋門院）

《建仁二年》

建仁二年正月十五日、辛酉、天晴、今日未時院号定也。院号定。【承明門院（源在子）。】内大臣、【通親（源）公。】権大納言藤原泰通卿・源通資卿・藤原忠経卿、権中納言藤兼良卿・同宗頼卿・公房（藤原）卿・兼宗（藤原）卿・宗隆（藤原）卿、参議藤原定輔卿・同親経卿、左大弁資実（藤原）朝臣、左中将源通具朝臣等着仗座各定申、以頭弁公定（藤原）朝臣奏聞、被仰可用承明門院之由畢。次上卿召左少弁藤原長兼被仰封戸事、弁又被仰左少史三善忠光。次上卿召大外記清原良業被仰云、年官・年爵如旧、并判官代・主典代等事。判官代右少弁藤原清長、左兵衛佐源具親、主典代左衛門少志安倍資景。大外記中原師重、権少外記中原景資・三善為俊、右大史三善長盛、右少史中原広経・大江盛清等参入。

御幸始

廿七日、癸酉、天晴陰雪降。今日承明門院御幸始之。供奉源大納言通資卿、春宮大夫藤原忠経卿、六条中納言藤原公継卿、春宮権大夫藤原宗頼卿、三条中納言藤原公房卿、新藤中納言兼宗卿、新中納言藤宗隆卿、別当藤原定輔卿、大宮宰相中将藤公経卿、六角宰相藤原親経卿、右宰相中将藤原公国卿、皇后宮大夫藤原成経卿、六条三位藤原経家卿、右京大夫藤原隆保卿、大炊御門三位藤原仲経卿、大弐藤原範光卿、源三位中将通光卿、新三位藤原顕家卿、左大弁藤原資実朝臣、源宰相中将通具朝臣、蔵人頭内蔵頭藤原隆衡朝臣、頭弁藤原公定朝臣。御後検非違使右衛門尉源季国朝臣召次長左近将曹中(臣脱)近武。内大臣御車寄役。【自閑路乗車。】先院(後鳥羽上皇)御所。【二条殿、引出物御琴一張。】次御入内。有勧賞。上卿新中納言宗隆卿着仗座、召少外記三善為俊被仰之。【正二位藤原公継・同宗頼。】職事蔵人大進顕俊(藤原)。御車、【檳榔唐庇。】出車十両、【檳榔。】半物(蔀カ)車一両。【網代。】

同二月二日、丁丑、天陰雨降、承明門院殿上并庁始也。内大臣、権大納言藤原泰通卿・源通資卿、権中納言藤原公継卿・宗頼卿、参議藤原親経卿・公国卿・資実朝臣・通具朝臣。

(『院号定部類記』承明門院)

《建永元年》

外記々

建永元年九月二日、吉書奏之。又政也。

今日院号定也。内大臣【忠経公(藤原)。】大納言公継卿、中納言家経(藤原)卿、権中納言資実卿・通具卿、左大弁公定(藤原)卿着仗座。次第如常云々。上卿召右少弁盛経(藤原)被仰封戸事。次上卿召大外記師重(中原)停皇后宮職為坊門院(範子内親王)、改進・属為判官代・主典代之由被仰之了。職事頭(内蔵)亮(皇后宮)親国(平)朝臣、左大史国宗(小槻)、権少外記経成(中原)等参。

内大臣宣、奉勅、宜停皇后宮職為坊門院、改進・属為判官代・主典代。兼又年官年爵如旧。

建永元年九月二日　大炊頭―（中原師重）奉

外記

建永元年九月二日、庚辰、天晴。院号定。【坊門院。】内大臣【忠経公。】大納言藤原公継卿、花山院中納言藤宗経（家カ）卿、前中納言資実卿、源中納言通具―（卿）、左大弁公定卿着仗座。次第如常。上卿召右少弁藤原盛経被仰封戸事。次上卿召大外記中原師重停皇后宮職為坊門院、改進・属為判官代・主典代之由被仰了。職事頭亮親国朝臣、左大史小槻国宗、権少外記中原経成、六位史生皆参也。

（『院号定部類記』坊門院）

《承元元年》

外記

承元元年六月七日、辛亥、左大臣（藤原隆忠）以下諸卿参陣、院号定。当日先准后勅書事、従二位藤原重子号修明門院。公卿相率参上、参御所高陽院。

【外記歟。】

承元元年六月七日、辛亥、天陰雨降、今日院号定也。左大臣（藤原）【隆忠公。】権中納言藤原家経卿・源通具卿・藤原親経卿、参議藤原隆衡卿・同左大弁藤原長兼朝臣等着仗。頭弁（藤原）光親朝臣先参軾仰准后勅書。次上卿召大内記藤原孝範被仰勅草事。大内記進之、以職事奏聞。清書奏又同前。次上卿召大外記清原良業真人被下勅書、被仰可伝給中務省【大輔藤原経範頗遅参。】次院号定、次第如常歟。公卿引率令参院御所【大炊御門西洞院。】御云々。左少弁藤原盛経、右少弁藤原顕俊、左大史小槻国宗、権少外記三善行明、左大史惟宗佐貞、左大史中原国能、左少史中原国経、右少史紀兼業、少内記惟宗以長等参入。

十七日、辛酉、天晴、今日修明門院（藤原重子）殿上始也【同庁始。】前太政大臣（藤原頼実）、右大臣（藤原忠経）右大将公継（藤原）卿、新大納言通光（源）卿、二条中納言定輔（藤原）、大宮中納言公経（藤原）卿、春宮権大夫師経（藤原）卿、二条宰相長房（藤原）卿等参入院御所高陽院殿被行之。

（御幸始）廿二日、丙寅、今日、修明門院御幸始也。【御出立、院御所、高陽院殿、七条院御所、三条烏丸御所云々。】供奉。先蔵人主殿助藤原康光、蔭孫源経季。次殿上人、頭中将実宣（藤原）朝臣、権中将定通（源）朝臣、大蔵卿有家（藤原）朝臣、源少将通方朝臣、前兵衛佐家衡《(藤原)》朝臣、定雅《(藤原)》朝臣、春宮権亮頼平《(藤原)》朝臣、内蔵頭親定《(藤原)》朝臣、三条少将伊時《(藤原)》朝臣、権右中弁兼定《(源)》朝臣、右源中将守通朝臣、冷泉少将隆仲《(藤原)》朝臣、坊門少将忠清《(藤原)》朝臣、中宮権亮忠定《(藤原)》朝《(臣脱)》、六条少将実時《(藤原)》朝臣、前左衛門佐経《(高階)》《(時脱)》朝臣、藤《(マヽ)》蔵人勘解由次官親輔《(平)》、東宮学士範時《(藤原)》、右兵衛佐範茂《(藤原)》、兵部権大輔家宣《(藤原)》、右馬頭親忠《(藤原)》、坊門侍従輔平《(藤原)》。次公卿、右大臣、【忠経《(藤原)》公。】内大臣、【通《(道)》経《(藤原)》公。】右大将公継《(藤原)》卿、新大納言通光《(源)》卿、二条中納言定輔《(藤原)》卿、大宮中納言公経《(藤原)》卿、左大将道家《(藤原)》卿、春宮権大夫師経《(藤原)》卿、近衛中納言公国《(藤原)》卿、堀川中納言親能《(藤原)》卿、藤中納言資実《(藤原)》卿、源中納言通具卿、左衛門督保家《(藤原)》卿、別当隆衡《(藤原)》卿、源宰相中将雅親卿、二条宰相長房《(藤原)》卿、土御門三位中将定通卿、右三位中将公宣《(藤原)》卿、右兵衛督隆清《(藤原)》卿、新宰相中将忠信《(藤原)》朝臣已上。下臈為先。次院司殿上人、三条中将公氏《(藤原)》朝臣、源中将有雅朝臣、左中弁清長《(藤原)》朝臣、右中弁範朝《(藤原)》朝臣、右少弁顕俊《(藤原)》、蔵人大進宗行《(藤原)》、前備後守成長《(藤原)》、越後守定高《(藤原)》已上。下臈為先取松明二行。次召次。々御車。次年預別当頭大弁光親《(藤原)》朝臣。次検非違使左衛門尉源康実朝臣。【有袴《布歟》。】次御随身二人、【左右相並。】左近将曹中臣近武【平礼、石帯。】、右近将曹秦兼隆。【立烏帽子、引帯。】次召次。々出車十一両、檳榔十両、衛府各二人。【在共、束帯。】網代一両、上日衆二人。【在共。】

遅参。【両大夫《(藤原公房・藤原家経カ)》、予《(中原師重)》、通光、良平《(藤原)》。】

(『院号定部類記』修明門院)

《承元三年》

承元三年四月廿五日、戊子、天晴。入夜小雨時々。今日皇后宮令蒙院号宣旨給。秉燭以後自八条院還幸押小路新白河堂方也。左大臣殿《(藤原隆忠)》、中宮大夫公房《(藤原)》卿、大納言兼宗《(藤原)》卿、皇后宮大夫通光《(源)》卿、左大将殿《(藤原道家)》、源中納言通具、皇后宮権大夫《(藤原良平)》、藤原宰相《(光親カ)》、春宮権大夫《(藤原師経カ)》。職事両三返問答。于時殿下《(藤原家実)》令候殿上給歟。其後職事令参院御所《(後鳥羽上皇)》【東山殿。】数刻云之後帰参。進軾仰云、頃之以官人【久景《(大石カ)》。】召予《(中原師重)》。仍参軾【膝行。】仰云改皇后宮職為春花門院《(昇子内親王)》、以進属為判官代為主典代。而今《(又云)》、年官年爵如旧。予進退之。次召右中弁宣房《(藤原)》停内膳御膳。是無極之沙汰也。其後相引人々被参新女院御所。【白河押小路冷泉殿。】今日申拝賀人々済々。

（『院号定部類記』春花門院）

《承元四年》

承元四年三月十九日、丁未。右大臣(藤原良輔)以下参入被定院号。召予(中原師重)仰云、宜停中宮職為陰明門院(藤原麗子)、改進・属為判官代・主典代。兼亦年官年爵如旧者。予奉仰退出。翌朝書宣下令下知了。

（『院号定部類記』陰明門院）

《建保二年》

建保二年六月十日、癸卯、天晴、今日有院号定。秉燭以後左大臣(藤原良輔)、権大納言藤原師経卿・源通具卿、中納言隆衡(藤原)卿、大宰権帥資実(藤原)卿、【前中納言。】権中納言公宣(藤原)卿・実宣(藤原)卿、参議左大弁公定(藤原)卿、右近中将公氏(藤原)卿・為(顕)俊卿等参着仗座。蔵人頭右大弁宗行(藤原)朝臣着膝突、仰院号事。【仰詞不聞之。】次第被定申。人々微音之間分明不叱(聞歟)後、其内左大臣被挙申安嘉門歟。師経卿、資実卿、公定、公氏、顕俊卿等挙申嘉陽門院歟。其内公氏卿加申南三条院。或多加申四条院。又一両人兼申延政門歟。頭弁(藤原宗行)議定之間候膝突、承各定申旨。参上殿下(藤原家実)、兼令候御前給歟。即参院御所(後鳥羽上皇)。帰参之後、被可一同之由歟。其後又参院并御所(順徳天皇)。帰参軾仰云、可被用嘉陽門院云々。四字頗被憚之歟。其後大臣(藤原良輔)召予(中原師重)。予参軾、仰云、以無品礼子内親王可為嘉陽門院、以中宮権大進藤原経親、少納言同家時可為判官代、以右衛門少志安倍資仲可為主典代、御季御封如元。予称唯之後、微申云、御封(事脱カ)申可仰官候歟。大臣目給。次予又申云、年官年爵如元之由候歟。大臣又目御。其後予退出。次召右中弁範時(藤原)朝臣仰御封事歟。弁出敷政門由(マヽ)仰大夫史国宗(小槻)宿祢。其後已下退出。左大臣(藤原良輔)、隆衡(藤原)卿・実宣(藤原)卿・公定(藤原)卿等被参本所云々。中宮大夫兼宗(藤原)卿参入、被行事云々。

（『院号定部類記』嘉陽門院）

《貞応元年》

外記

承久四年三月廿五日、癸酉、春季御読経始也。左大臣(藤原家通)、大納言師経(藤原)卿、権大納言通具(源)卿・教家(藤原)卿、権中納言通方(源)・定高(藤原)、参議家宣(藤原)・雅清(源)等卿参着仗座。先被定御前、仰定高・雅清卿被行南殿事。出居左少将定平(源)、右少将実光(藤原)、堂童子有資(源)・敦直(藤原)等也。有行香。其儀如常。次大臣以下移着仗座、有院号定。大納言良平(藤原)卿、参議定家(藤原)卿参加評議了。勅旨之後、大臣召師季(中原)仰云、停中宮職為東一条院(藤原立子)改進・属為判官代・主典代、年官年爵如旧。次召左少弁家房(藤原)(宗カ)仰云、御季御服以下雑物如旧、内膳御飯聴(位歟)停止。其後已下分散。人々被参本所歟。諸卿定詞奉行職事勾勘。翌朝注送之、在左。

院号諸卿定詞。

左大臣。【延世門。】藤大納言(師経)。【同門、東一条。】九条大納言(良平)。【東一条。】源大納言(通具)。【永安門、東九条。】皇后宮大夫(藤原教家)。【東一条。】中宮権大夫(藤原実親)。【同前。】土御門中納言(源通方)。【安嘉門、東一条。】二条中納言(藤原定高)。【東一条。】民部卿(藤原定家)。【同前。】左大弁(藤原家宣)。【延政門、東一条。】源宰相中将(雅清)。【安嘉門、東一条。】

重被尋之時、一同東一条之由定申之。

(『院号定部類記』東一条院)

外記

貞応元年七月十一日、丁巳、霽、暁頭参陣。依可有院号定也。左大臣(藤原家通)、右大臣(藤原公継)、大納言師経(藤原)・良平(藤原)、権大納言定通(藤原)・教家(藤原)、権中納言実氏(藤原)・通方(源)、参議定家(藤原)・経通(藤原)・家宣(藤原)・雅清(源)等参卿着仗座。蔵人右衛門権佐範輔(平)仰左大臣之母儀院号事可令定申。各被言上之。其詞以範輔被奏之。重仰云、一同可令申重評議。北白川・延政門間可在勅定之由被奏之。次範輔帰出仰云、可為北白川院者。此仰々年官年爵封戸判官代主典代事等。大臣召師季(中原)仰云、以母儀准后従三位藤原朝臣(陳子)為北白川院、年官年爵如旧。以親長(平)・範輔為判官代、一(以カ)資(安倍カ)景可為主典代者。師季唯退。次召右少弁親長仰太(大カ)封不可奉加五百戸之由。其後相引被参本所。

被補別当。

按察使隆衡(藤原)卿　后宮権大夫実氏卿
右衛門督経通卿　参議家行(藤原)卿
右兵衛督基保(藤原)卿　右馬頭光俊(藤原)朝臣

右中将隆親(藤原)朝臣　越前守家時(藤原)朝臣
右中将隆(マヽ)親朝臣　前兵衛佐経行(藤原)朝臣
定詞。
左大臣。【明義門。】右大臣。【北白川、安嘉門。】
藤大納言(師経)。【延政門、北白川。】九条大納言(藤原良平)。【延政門。】
土御門大納言(藤原定通)。【新待賢門、延政門。】皇后宮大夫(藤原教家)。【月華門、延政門。】
皇后宮権大夫(藤原実氏)。【北白川、延政門。】土御門中納言(源通方)。【和徳門、延政門。】
民部卿(藤原定家)。【北白川。】別当(藤原経通)。【明義門。】
左大弁(藤原家宣)。【談天門、延政門。】宰相中将(源雅清)。【北白川、延政門。】
(『院号定部類記』北白川院)

《元仁元年》

外記
貞応三年八月四日、戊戌、霽、申斜参殿下(藤原家実)。御参内先了。御直廬云々。【署之。】次有御所由(マヽ)。見参上卿権中納言実親(藤原)。【署之。】次内大臣(藤原師経)参陣。有軒廊御卜。【伊勢事。】次右大将(藤原実氏)軽服後【妹事。】着陣。無申文有吉書。次右大臣(藤原公継)、内大臣、権大納言公宣(藤原)卿、権中納言実氏(藤原)卿・実親卿、参議雅清(源)卿・伊平(藤原)卿参着仗座。有院号定事。人々伺微音不聞。以頭弁(藤原頼資)被奏。重評議。又被奏之。奉勅許之後、右大臣移着端座。令官人召予(中原師季)。未《未敷軾之間外記参進筒居事》令置軾。仍於宣仁門辺問官人。為有其聞也。然而大臣無御給予進参筒居。大臣微仰云、膝突忘却不可説。仰云、停皇后宮職可奉号安嘉門院(邦子内親王)、以進・属為判官代・主典代、年官年爵如旧。予《依筒居不揖事》唯退依筒居不揖、又頗微音是故実也。次召官人令置軾。次召弁左少弁親長《平》朝臣、参進仰御季御服所事、并内膳御飯可停止之由。弁於敷政門邊伝仰左大史季継(小槻)。於床子座可仰歟。如此《如歟》事了、上下分散、本所儀可尋注之。
被補別当。
権大納言雅《源》親　右大将実氏《藤原》【権大夫。】
参議伊平
四位二人。実有《藤原》　宗房《藤原》等朝臣【以上本宮之亮等也。】
次進・属為判官代・主典代云々。抑権大夫実氏卿、権大進範輔《平》等軽服。【云々。】八条院《暲子》々号曰、勅別当久我内府《源通親》

【干時大納言中宮大夫。】為軽服。五位蔵人重方《藤原》奉勅被問曾祖父羽州（中原師元カ）令申給之。院号、別当公家不可知食、但軽服人従吉事例多而。《加服之人不補別当事》陽明門院（禎子内親王）々号日、権大夫資綱《源》卿、依加服不補別当之由見日記。可被問在座公卿歟。被問諸卿之処、假内不可然云々。仍不被補之云々。後目（日カ）光頼《藤原》卿以下補別当歟。令竊引見延久《後三条》聖主御記。資綱卿、四月補陽明門院別当歟。院号八二月也。院号日、三条内府【能長《藤原》公。】已下非宮司等補之。于時大夫闕。【資平《藤原》卿薨。】今度大夫不出仕給。権大夫無不補云々。自然可叶佳例之処凡不及沙汰歟如何。

（『院号定部類記』安嘉門院）

《安貞元年》

嘉禄三年二月廿日、庚子、霽、是日皇后宮職有院号定。晩頭内大臣（藤原良平）、大納言定通（源）・実親（藤原）、中納言家嗣（藤原）、権中納言公氏（藤原）・経通（藤原）・頼—（藤原）（資）、参議平維高（経カ）・範輔（平）等卿参着仗座。蔵人勘解由次官時兼（平）就被下伝勅旨、大臣与奪。大丞発立（マヽ）。次第定申趣、召時兼被奏之。重仗儀可被申之由有勅。仍被議定。此間時兼在軾。聞人〻定詞、先之三条大納言（藤原実親）被申上首早出。依可被行本所事也。【云々。】時兼奏定詞云。其後仰大臣云、可奉号安喜門坎。次大臣召予（中原師季）仰、改皇后宮職可為安喜門院（藤原有子）、年官年爵如旧、以進・属可為判官代・主典代。予唯退、仰詞前後如何。然成宣旨之時、任先例以進・属詞載上了。次召左中弁親長（平）朝臣、仰御季御服事并内膳御飯停止事。弁於敷政門内乍立伝仰左大史季継（小槻）・実経（藤原）。五更分散。未事始以前、内大臣於敷政門辺、被仰予云、承久乱逆配流之輩、各帰京云々。如兼隆（藤原）並之、所召仕之左衛門尉藤原清成事、今夜見参聞食之次、申出了。件事令伺之後、可復本官之由、以書状内々可下知之。

（『院号定部類記』安喜門院）

《寛喜元年》

外記

安貞三年四月十八日、乙卯、霽、深更、左大臣（藤原良平）、内大臣（藤原兼経）、権大納言家良（藤原）、中納言通方（源）、権中納言実基（藤原）・定高（藤原）・

盛兼（藤原）・頼―（藤原）（資）、参議隆親（藤原）・経高（平）・家光（藤原）・範輔（平）・宣経（藤原）等卿参着仗座、被定申院号事。両大臣。【五条、鷹司。】権大納言。【同。】土御門中納言（源通方）。【達智、鷹司。】中宮大夫（藤原実基）。【玄輝、鷹司。】二条中納言（藤原定高）。【鷹司。】中宮権大夫（藤原盛兼）。【永安、鷹司。】新藤中納言（頼資）。【明義、鷹司。】別当（藤原隆親）。【朔平、鷹司。】平宰相（経高）。【鷹司。】左大弁（藤原家光）。【談天、鷹司。】右大弁（平範輔）。【鷹司。】新宰相中将（藤原宣経）。【鷹司。】左大臣以頭卿（平親長）被奏人々定詞。頭帰出仰可為鷹司院之由、皆悉依被定申鷹司、不及一同可定申之由歟。此間人々漸退出。大臣召予（中原師季）仰云、止中宮職等（為歟）鷹司院（藤原長子）、改進・属為判官代・主典代、年官年爵如旧。予唯退。次召右少弁光俊（藤原）御季御服・内膳御飯等事并伝仰大夫史（小槻季継）。事了諸卿退出。通方・宣経等卿留座被行除目事。【略之。】今日大神祭之。院号定如何之由於殿先日内々被尋仰、注申先例了。

（『院号定部類記』鷹司院）

《天福元年》

外記

貞永二年四月三日、丁巳、今日右大臣殿（藤原兼経）、中宮大夫通方（源）卿、権中納言左衛門督具実（源）卿、権中納言家光（藤原）卿、参議左大弁範輔（平）卿等参着仗座。被行条事定。次被行院号定。前権中納言定高（藤原）・頼―（藤原）（資）卿、権中納言伊平（藤原）卿・実有（藤原）卿、参議経高（平）・有親（平）朝臣等加着。次第被定申之後、大臣召予（中原師兼）仰云、改中宮職可為藻壁門院（藤原竴子）、改進・属為判官代・主典代、年官年爵如旧者。予唯退出。次召右中弁光俊（藤原）仰御季御服以下雑物如旧之由。弁於敷政門仰大夫史季継（小槻）宿祢了。其後上卿以下退出。院号事書宣下（旨カ）下知了。

（『院号定部類記』藻壁門院）

《嘉禎二年》

外記

嘉禎二年十二月廿一日、甲辰、院号定之。予（中原師兼）依召先参殿下（藤原道家）。去夜荷前定事被仰下之、令申子細了。次参陣。小時以上。権中納言資頼（藤原）卿、参議左大弁為経（藤原）卿着仗座。有官奏、不堪佃奏、左中弁信盛（藤原）朝臣以奏。次左大臣殿（藤原兼経）、権大納言藤家良卿・家嗣（藤原）卿、権中納言通忠（源）卿・資頼（藤原）卿・

(藤原)定雅卿、前宰相(平)経高卿、参議(菅原)為長卿・(藤原)親俊卿・(平)有親卿・(藤原)為経卿等参加仗座。有院号定。職事(藤原)高嗣(マヽ)参議仰可被定申之由、人々次第定申之、一同定申之後、上卿召予仰云、以無品諦子内親王為明義門院、年官年爵如旧。予称唯退出。今度判官・主典代事不被仰。依(覲子内親王)宣陽門院御時例云々。次召左中弁信盛朝臣仰封戸事。人々退出、或又被参本所、此間一条室町辺有炎上、頗以物忩、殿下御退出云々。

(『院号定部類記』明義門院)

《延応元年》

延応元年十一月十二日、丁丑、今夜皇后宮(利子内親王)院号定也。是御不例火急之故云々。御腫物也。即今夜御出家云々。秉燭以後、左大臣(藤原良実)、権大納言(藤原)実有卿・(源)通忠卿、前参議(平)経高卿・(菅原)為長卿、参議(藤原)資季卿、左大弁(藤原)忠高卿等参着仗座。大臣召予(中原師兼)公卿参事有御尋。次頭弁(藤原)経光朝臣参軾召仰之。次自下﨟次第被挙申之。頭弁両三度被奏事由。次大臣召予仰云、停皇后宮職為式乾門院、改進・属為判官代・主典代、年官年爵如旧。予称唯退出。次召権右中弁(平)時高朝臣仰御季御服内膳御菜事。又内膳御飯可停止云々。弁於敷政門仰右少史(中原)宗継了。其後人々退出。内膳御飯自今夜可停止云々。

(『院号定部類記』式乾門院)

《寛元元年》

仁治四年二月廿三日、庚午、院号定也。(藤原実経)右大臣殿、権大納言(藤原)定雅卿・(源)顕定卿、民部卿(平)経高卿、大蔵卿(菅原)為長卿、参議(藤原)資季卿等参入。職事侍従(藤原)宗基参軾、宣下中女御従三位藤原朝臣彦子院号事可被定申者。大臣以下諸卿定申了。次大臣召予(中原師兼)仰曰、以女御従三位藤原朝臣彦子可為宣仁門院、年官年爵如旧。予唯退出。次召左少弁(藤原)親頼仰封戸如元之由、弁仰史。其後人々退出。大臣令参本所一条殿給云々。今度不仰判官代・主典代事。是(覲子内親王)宣陽門院・(諦子内親王)明義門院之時例也。

(『院号定部類記』宣仁門院)

《年次未詳》

凡僧座後北方立威・従床子。【外記日記、立北障子下。】

(『西宮記』恒例第一、正月、御斎会)

外記々云、立東二間也。

外記々云、敷案西也。

(史籍集覧本『西宮記』恒例第一、正月、御齋会)

外記日記、入自日華門、無大臣・大将者、昇自本陣無妨。

(『西宮記』恒例第一、正月、御斎会)

外記日記云、依降雨御膳自東細殿供之。神座従西近廊進之云々。【雖然此事未詳。】於神祇官行之儀、宛如神今食祭。但内侍皆可相具。【中院亦同。】

(『政事要略』巻二十六、新嘗祭)

源(道方)中納言雖参内、不着座、不可為穢由余之所示。頼隆(清原)云、見外記日記事也。

(『小右記』長元二年二月三日条)

外記日記、祓趣或宰相仰、或外記仰。

(『権記』寛弘四年七月十二日条)

外記記云、春興殿西廂砌下、長楽門東扉東立之。皆有覆等。

(『北山抄』巻四、拾遺雑抄下、皇太子元服事)

音奏事不論親疎。外記仰内豎令止由、見外記記。【院宮御喪在別。】

(『北山抄』巻四、拾遺雑抄下、廃朝事)

外記日記曰、令撃鼓。

(『江家次第』巻十四、即位)

又云、白穀、大豆、小豆、粟、栗、柿、菫子。【代大角豆。】

此事、見九条殿御記并外記記云々。

(『年中行事秘抄』正月、七種粥)

安楽光院御八講。当代何様可有沙汰哉事。如此御八講、無相違被行例、成勝寺御八講【崇徳院御料。】之外、不詳歟。但頗難被准據歟。且圓教寺御八講、【一条院御料。】後一条院御宇被始行之。而後朱雀院御宇以来、彼御八講事、外記々不分明。若非公家之御沙汰歟。

（『平戸記』仁治三年五月七日条）

編年順 出典一覧

《延暦九（七九〇）年》

閏三・十五　『政事要略』巻二十九、追儺

十二・三十　『権記』長保三年閏十二月二十九日条

《延暦十年》

八・三　『大御記』承暦三年二月二十一日条

《弘仁十四（八二三）年》

四・二十七　『御即位部類記』淳和

同・同　『妙槐記』文永十一年三月廿六日条

《天長元（八二四）年》

十二・九　『宇槐記抄』仁平元年二月十日条

《天長九年》

十二・二十四　『西宮記』臨時五、東宮

《承和六（八三九）年》

正・二　『西宮記』臨時五、東宮

《承和七年》

六・七　『続日本後紀』承和七年六月辛亥条

《承和十年》

六・一　『西宮記』臨時二、講日本紀博士等例、頭註

《貞観元（八五九）年》

九・三　『山槐記』元暦元年九月三日条

《貞観五年》

正・八　『西宮記』恒例第二、七月、相撲事

《貞観十三年》

四・七　『西宮記』恒例第二、四月、擬階奏

八・三　『貞信公記抄』承平二年八月八日条

十・一　『権記』長保元年十二月五日条

同・五　同

同・七　　　　同
《貞観十四年》
正・十四　　『左経記』長元元年正月十二日条
同・十七　　同
《貞観十七年》
六・四　　『小右記』長元二年八月二日条
《元慶五(八八一)年》
十一・二十三『政事要略』巻二十六、新嘗祭
《元慶八年》
正・三カ　　『九条殿記』承平六年正月三日条
同・同　　『吏部王記』承平六年正月四日条
九・三　　『山槐記』元暦元年九月三日条
《仁和四(八八八)年》
九・三　　『小右記』寛弘八年九月一日条
《寛平二(八九〇)年》
五・二十三　『西宮記』臨時一(甲)、中交替使返事、裏書
《寛平三年》
正・十三　　『左経記』長元元年正月十二日条
同・十四　　同
十一・二十四『政事要略』巻二十八、年中行事、十一月
《寛平四年》
三・十三　　『母后代々御賀記』宇多天皇母后
同・十四　　同
《寛平六年》
四・十四　　『小右記』寛仁三年四月十八日条
《寛平八年》
十・十三　　『西宮記』臨時五、被物事
《寛平九年》
七・三　　『扶桑略記』巻二十三、裏書
七・二十　　同
《昌泰元(八九八)年》
三・一　　『扶桑略記』巻二十三、裏書
《昌泰二年》
十一・十九　『政事要略』巻二十八、年中行事、十一月
《延喜元(九〇〇)年》
閏六・二九　『小右記』長和四年六月三十日条

四カ・不明　『北山抄』巻三、拾遺雑集上、読奏事
《延喜三年》
十一・二十　『年中行事秘抄』正月
《延喜七年》
十一・二十三『扶桑略記』延喜七年十一月二十二日条
《延喜八年》
正・一　『西宮記』恒例第一、正月一日、節会
《延喜九年》
十二・四　『本朝月令』四月
《延喜十二年》
五・一　『北山抄』巻一、年中要抄、
四月朔日、旬事
《延喜十六年》
十・二十二　『西宮記』臨時七、皇太子元服
同・同　同
同・同　同
同・同　同
同・同　同
同・同　同
《延喜十七年》
十・十一　『西宮記』恒例三、九月、奉幣、頭註・脚註
十一・十三　『江談抄』第四、今宵奉詔歓無極
同・十六　『政事要略』巻二十六、年中行事、十一月
十二・十　『西宮記』臨時一(甲)、外記政、裏書
《延喜十八年》
十二・七　『扶桑略記』延喜十八年十月二十六日条
《延喜十九年》
五・十八　『西宮記』恒例第三、九月、季御読経事
《延喜二十年》
八・二十　『小右記』長元四年九月二十三日条
《延喜二十一年》
十・二十七　『東寺長者補任』巻一、延喜二十一年条
《延喜二十二年》
十・十七　『小右記』長元三年九月十六日条
《延長元(九二三)年》
九・十一　『宇槐雑抄』仁平二年四月十六日条

《延長二年》
正・二十五　『花鳥余情』第十九、若菜上
正・八　『吏部王記』延長八年正月八日条
《延長三年》
七・二十三　『祈雨日記』
《延長四年》
二・四　『小右記』寛仁四年十一月十日条
四・十五　『御産部類記』村上天皇
六・二　同
同・六　同
九・十一　『西宮記』恒例第三、九月、奉幣事
《延長五年》
一・一　『吏部王記』延長六年十二月廿九日条
六・一　『西宮記』臨時一(甲)、定穢事、裏書
《延長八年》
九・二十二　『小右記』長和五年正月二十九日条
十一・二十一　『小右記』長和五年二月七日条
《承平元(九三一)年》
四・十七　『北山抄』巻六、備忘略記、宇佐使立事
四・二十六　『改元部類』
七・二十八カ　『小右記』長和五年二月十九日条
八・二十三　『西宮記』恒例第三、八月、駒牽
十・九　『宇槐記抄』仁平元年二月十日条
《承平二年》
七・十一　『小右記』長元三年九月十六日条
九・三　『小右記』寛弘八年九月一日条
　　　『北山抄』巻二、年中要抄下
　　　九月三日、御燈事
十・七　『大嘗会御禊部類記』朱雀院
同・八　同
同・九　同
同・二十　同
同・二十一　同
同・二十三　同
同・二十五　同
十一・十四　『北山抄』巻五、践祚抄、大嘗会事

同・十六　同
同・同　同
《承平四年》
三・二十四　『母后代々御賀記』村上天皇母后
同・二十六　同
同・二十　同
同・二十八　同
四・五　『洞院家二十巻部類』十
四・七　『西宮記』恒例二、四月擬階奏、裏書
《承平五年》
十二・三十　『貞信公記』承平五年十二月三十日条
《承平六年》
正・七　『台記』康治元年正月七日条
六・十　『西宮記』恒例第二、六月、御躰御卜事
八・十九　『初任大臣大饗雑例』
同・同　同
《承平七年》
正・四　中御門本『天皇御元服記』
同・五　『主上御元服上寿作法抄』
三・三　『年中行事秘抄』三月、
御灯依穢雖停止尚忌服者事
七・十六　『小右記』長元四年七月二十四日条
八・十五　『政事要略』巻二十三、牽信濃勅旨御馬
八・二十八　『九条殿記』承平七年八月廿八日条
《承平年間》
年次未詳　『北山抄』巻五、践祚抄、大嘗会事
同　同
《天慶元(九三八)年》
五・十九　『北山抄』巻六、備忘略記、薨奏事
同・二十二　『改元部類』
同・二十八　『政事要略』巻卅、御画
九・一　『小野宮年中行事』六月、道饗祭事
九・七　『政事要略』巻二十三、年中行事、
牽信濃勅旨御馬
十一・五　『本朝皇胤紹運録』村上天皇
同・九　『九暦記』天慶六年三月条

同・十一　『小右記』万寿四年十二月七日条
同・十二　同
《天慶二年》
十一・八　『小右記』万寿二年十月三日条
《天慶三年》
二・五　『大法師浄蔵伝』
同・二十七　『政事要略』巻卅、御画
四・一　『西宮記』臨時一(甲)、外記政、裏書
十・二十三　『小右記』長元三年九月十六日条
《天慶四年》
三・十七　『西宮記』恒例第三、九月、季御読経事
十・十六　『北山抄』巻七、都省雑例、任郡司事
《天慶五年》
三・十　『政事要略』巻卅、御画
《天慶六年》
五・二十七　『政事要略』巻卅、御画
六・十　『北山抄』巻二、年中要抄下、六月、奏御卜事
《天慶七年》
四・二十二　『小右記』寛仁元年八月九日条
九・十四　『政事要略』巻二十三、牽信濃勅旨御牧
十二・二十四　『母后代々御賀記』村上天皇母后
《天慶八年》
二・十　『小右記』万寿二年八月二日条
八・十三　『宇槐雑抄』仁平二年四月十六日条
十・二十七　『西宮記』臨時一(甲)、定穢事、裏書
《天慶九年》
四・七　『西宮記』恒例第二、四月、擬階奏、裏書
同・十五　『小右記』長和五年二月二十六日条
同・二十二　『村上天皇御即位部類記』
同・二十三　同
同・二十四　同
同・二十五　同
同・二十六　同
同・二十七　同
同・二十八　同

九・三　『北山抄』巻二、年中要抄下、
九月三日、御燈事
九・二十五　『大嘗会御禊部類記』村上天皇
同・同カ　『権記』寛弘八年九月十六日条
十・二十八　『大嘗会御禊部類記』村上天皇
十一・十六　『北山抄』巻五、践祚抄、大嘗会事
十一・十七　同
同・同　同
十一・十九　同

《天暦元（九四七）年》

三・二十二　『西宮記』恒例第三、九月、季御読経事
四・十六　『小右記』寛仁元年十月六日条
四・十九　『北山抄』巻六、備忘略記、臨時奉幣事
同・二十二　『改元部類』
同・同　『左経記』長和六年四月二十二日条
同・二十五　『北山抄』践祚抄、一代仁王会事
同・二十六　『御遊抄』任大臣
九・二十三　『小右記』寛仁元年十月十三日条
十一・二十六　『北山抄』巻七、都省雑例、任郡司事

《天暦二年》

四・十五　『西宮記』臨時一（甲）、外記政、裏書

《天暦三年》

三・十七　『西宮記』恒例第三、九月、季御読経事
四・一　『西宮記』臨時一（甲）、外記政、裏書
五・一　『宇槐記抄』仁平元年二月十日条

《天暦四年》

五・二十四　『御産部類記』冷泉院
同・二十五　同
閏五・一　同
七・十五　同
七・二十三　同
同　『小右記』寛仁元年八月九日条

《天暦七年》

八・十六　『政事要略』巻二十三、年中行事、
牽信濃勅旨御馬

《天暦八年》

正・七　『政事要略』巻六十九、糺弾雑事
同・同　『北山抄』巻七、都省雑事、任郡司事
六・二十五　『政事要略』巻卅、御画
六・二十五　『北山抄』第七、都省雑例、任郡司
七・二十八　『政事要略』巻卅、御画
九・二十　『小右記』万寿四年十二月七日条
同・二十三　同
《天暦十年》
八・十六　『政事要略』巻二十三、年中行事、
牽信濃勅旨御馬
同・十九　『西宮記』恒例第三、八月、駒牽事、頭註
《天徳元(九五七)年》
十・二十七　『改元部類』
《天徳二年》
四・二十一　『西宮記』恒例第二、四月、賀茂祭事
十・二十五　『西宮記』臨時一(甲)、内印、裏書
十一・一　『西宮記』恒例第三、十月、還宮後旬儀
《天徳三年》
正・二十　『御産部類記』円融院
三・二　同
同・八　同
四・十三　『西宮記』臨時一(甲)、外記政、裏書
六・十六　『御産部類記』円融院
《天徳四年》
九・二十四　『釈日本紀』巻七、述義三、八咫鏡
《応和元(九六一)年》
二・十六　『改元部類』
十・二十六　『年中行事抄』十月、当宗祭事
十一・一　同
十二・二十一　『日本紀略』応和元年十二月二十一日条
《応和二年》
二・二十七　『小右記』寛仁元年十一月九日条
十・十八　『小右記』万寿二年八月二十三日条
《康保元(九六四)年》
五・二　『大御記』応徳二年十二月四日条
七・十　『改元部類』

《安和元(九六八)年》
二・一　『宇槐記抄』仁平元年二月十日条
六・二十九　『小右記』長和元年六月二十七日条
七・十四　『権記』長保四年二月十一日条
同・同　『権記』長保四年二月十二日条
十・二十六　『御産部類記』花山院
十一・二十七　『北山抄』巻五、践祚抄、大嘗会事
十二・二十二　『御産部類記』花山院
《安和二年》
八・十二　『御譲位并御即位記』後堀川院、
　貞永元年十月四日条
八・十三　『御産部類記』花山院
《天禄元(九七〇)年》
一・十四　『北山抄』巻一、年中要抄上、
　正月十四日、御斎会畢并殿上論義事
三・二十　『小右記』長和五年二月二十六日条
同・二十五　『改元部類』
同・二十七　『西宮記』臨時八、日蝕、頭註・裏書
同・二十八　同
五・二十六　『局中宝』第二冊、庁倚子間事
《天禄二年》
四月カ　『北山抄』巻七、都省雑例、任郡司事
《天禄三年》
正・五　『主上御元服上寿作法抄』
《天延元(九七三)年》
四月カ　『北山抄』巻七、都省雑例、任郡司事
十二・二十　『改元部類』
《天延二年》
十一・一　『小右記』正暦四年十一月一日条
《天元五(九八二)年》
五・七　『大鏡』太政大臣頼忠、裏書
《寛和元(九八五)年》
四・二十七　『改元部類』
《寛和二年》
五・十五　『本朝皇胤紹運録』村上天皇
《永延元(九八七)年》

八・五　『菅家御伝記』
《永祚元(九八九)年》
八・八　『改元部類』
《正暦元(九九〇)年》
正・五　押小路本『天皇御元服記』
同・七　同
同・同　『主上元服上寿作法抄』
《正暦二年》
閏二・三　『西宮記』臨時八、諒闇時外記平座政、裏書
九・十六　『院号定部類記』東三条院
《正暦四年》
六・二十六　『小右記』正暦四年七月五日条
《長保元(九九九)年》
三・十六　『公卿補任』長徳五年条
《長保三年》
九・十四　『文永七年宸筆御八講記』御願文
同・同　『宸筆御八講記』僧名
十・一　『母后代々御賀記』一条院母后
同・三　同
同・七　同
同・九　同
同・十　同
閏十二・二十二　梅沢本『栄花物語』巻七、とりへ野
《寛弘元(一〇〇四)年》
十・二十一　『菅家御伝記』
《寛弘二年》
五・三　『百錬抄』寛弘元年十二月十一日条頭書
《寛弘五年》
四・六　『御産部類記』後一条院
同・十　同
同・十三　同
同・十九　同
六・十四　同
七・七　同
同・九　同

同・十六　同
九・十一　同
同・十七　同
十・十六　同
十一・十一　同
《寛弘六年》
四・二十四　『御産部類記』後朱雀院乙
十一・二十五　同甲
同・同　同乙
同・二十七　同甲
同・同　同乙
十二・二　同甲
同・同　同乙
同・二十六　同甲
同・同　同乙
《寛弘七年》
正・十五　『御産部類記』後朱雀院
閏二・六　同

同・二十一　同
《長和二（一〇一三）年》
四・一　『日本紀略』長和二年四月一日条
《長和三年》
日次不明　『御堂関白記』長和四年八月廿九日
《長和五年》
四・二十七　『小右記』長和五年四月二十八日条
九・三　『大御記』寛治元年九月三日条
《寛仁元（一〇一七）年》
八・九　『立坊部類記』
八・二十一　同
同・同　同
同・同　同
同・二十三　同
九・九　同
十・八　同
同・二十六　同
《寛仁二年》

正・五　　　『主上御元服上寿作法抄』
《寛仁三年》
二・十九　『東宮御元服部類記』
八・二十八　同
八・二十八　橋本義彦校訂文『東宮元服記』
《寛仁四年》
二・二十七　『中外抄』上、久安四年五月二十三日条
十一・二十一『洞院家記』
《治安二(一〇二二)年》
三・二十二　『西宮記』恒例第三、九月、季御読経事
《万寿三(一〇二六)年》
正・十九　『院号定部類記』上東門院
《長元四(一〇三一)年》
十一・一　　『平戸記』仁治元年閏十月二十二日条
《長元七年》
七・十八　　『御産部類記』後三条院
《長久元(一〇四〇)年》
十・二十二　『百練抄』長久元年十月二十二日条
《永承五(一〇五〇)年》
十一・一　　『朔旦冬至部類』
《天喜元(一〇五三)年》
六・二十　　『御産部類記』白河院
《康平二(一〇五九)年》
日次不明　『百錬抄』康平二年条
《治暦二(一〇六六)年》
正・十六　　『三節会次第』造酒正不参例
《治暦四年》
六・二十一　『礼儀類典』二六三、臨時、即位一
七・二十一　同
《治暦五年》
二・十七　　『院号定部類記』陽明門院
《延久二(一〇七〇)年》
二・二十六　『帝王編年記』後三条院
《延久五年》
五・七　　　『師守記』貞治三年七月二十六日条
《承保元(一〇七四)年》

六・十六　『院号定部類記』二条院
《応徳元(一〇八四)年》
八・二十四カ　『吉記』安元二年五月二十八日条
《寛治元(一〇八七)年》
二・未　『帝王編年記』巻十九、堀河院
《寛治七年》
正・十九　『院号定部類記』郁芳門院
《康和二(一一〇〇)年》
二・八　『園太暦』観応六年十月五日条
《康和四年》
八・七　『御産部類記』鳥羽院
《嘉承二(一一〇七)年》
十一・三　『朔旦冬至部類』
《天永二(一一一一)年》
六・十一　『玉葉』建久二年十一月二十二日条
《永久元(一一一三)年》
閏三・二十　『永久元年記』
同・二十二　同
四・十六　同
同・二十五　同
同・二十七　同
同・二十八　同
同・二十九　同
《保安四(一一二三)年》
十・十五　『御禊行幸服飾部類』
同・同　同
同・同　同
同・同　同
《大治元(一一二六)年》
閏十・十四　『朔旦冬至部類』
同・二十八　同
同・二十九　同
十一・一日　同
同・二十二　同
《保延五(一一三九)年》
三・九　『南都大衆入洛記』

三・二十五　同
同・二十六　同
同・二十七　同
同・二十七　同
同・二十八　同
同・二十九　同
七・二十八　『院号定部類記』高陽院
八・九　同
同・二十　同
《康治二(一一四三)年》
正・三　『朝覲行幸部類』有御贈物
《久安五(一一四九)年》
八・三　『院号定部類記』美福門院
十・二　同
同・十　同
《久安六年》
八・五日　『南都大衆入洛記』
同・六　同

同・十六　同
同・十七　同
同・二十一　同
《保元三(一一五八)年》
正・十　『御遊抄』朝覲行幸
《応保元(一一六一)年》
十二・十六　『院号定部類記』八条院
《延万元(一一六五)年》
十・二十六　『百錬抄』延万元年条
同・二十八　同
《仁安三(一一六八)年》
三・十四　『院号定部類記』九条院
《文治三(一一八七)年》
六・二十八　『院号定部類記』殷富門院
《建久二(一一九一)年》
二・二十六　『院号定部類記』宣陽門院
七・九　同
《建久九年》

四・二十一　『仙洞御移徙部類記』第十三、
　後鳥羽院甲、二条殿
《正治二（一二〇〇）年》
六・二十八　『院号定部類記』宜秋門院
十・十九　同
《建仁二（一二〇二）年》
正・十五　『院号定部類記』承明門院
同・二十七　同
二・二　同
《建永元（一二〇六）年》
九・二　『院号定部類記』坊門院
同・同　同
《承元元（一二〇七）年》
六・七　『院号定部類記』修明門院
同・同　同
同・十七　同
同・二十二　同
《承元三年》
四・二十五　『院号定部類記』春花門院
《承元四年》
三・十九　『院号定部類記』陰明門院
《建保二（一二一四）年》
六・十　『院号定部類記』嘉陽門院
《貞応元（一二二二）年》
三・二十五　『院号定部類記』東一条院
七・十一　『院号定部類記』北白川院
《貞応三年》
八・四　『院号定部類記』安嘉門院
《安貞元（一二二七）年》
二・二十　『院号定部類記』安喜門院
《寛喜元（一二二九）年》
四・十八　『院号定部類記』鷹司院
《天福元（一二三三）年》
四・三　『院号定部類記』藻壁門院
《嘉禎二（一二三六）年》
十二・二十一　『院号定部類記』明義門院

《延応元（一二三九）年》

十一・十二　『院号定部類記』式乾門院

《寛元元（一二四三）年》

二・二十三　『院号定部類記』宣仁門院

人名索引

ア
按察使大納言　→仲平(藤原)
安嘉門院　→邦子内親王
安喜門院　→有子(藤原)
安子(藤原)　27下(中宮),37下(女御)(藤壺女御),43上(中宮),43下(中宮)
安直(安倍)　6下
安典(平)　9上(少納言)
イ
伊尹(藤原)　39上(左近衛少将),39下(左近衛少将),40下,41下,43上,47上(右大臣)
以業(中原)　80下
郁芳門院　→媞子内親王
為経(藤原)　90上
為賢(橘)　62上
惟憲(藤原)　60上,60上(亮),64上,65上
為光(藤原)　42下,47下,50下(右大臣)
伊衡(藤原)　17下
為弘(源)　62上
惟恒親王　6下
苡子(藤原)　73下
維時(大江)　20下(文章博士),38上
為時(巨勢)　52上
伊時(藤原)　84上
惟時(源)　52上
維時王　34上
為俊(三善)　82上
為親(藤原)　78下
為成(清原)　66上
為政(橘)　40上
惟成(藤原)　49上
惟正(源)　40上
惟生(山上)　35下
伊勢斎女王　→徽子女王
維宗(御立)　20下,40上
一条院　→一条天皇
一条天皇　49下,50上(皇帝)上,50下(宸儀),52上(天　皇),53上(公　家),53下(天皇)(宸儀),54上(宸儀),55下(公家),56上(天皇),91下(一条院)
惟仲(平)　52上
惟忠(藤原)　61下
以長(惟宗)　83下
為長(菅原)　90上,90下
為長(三善)　70下
惟直(内蔵)　16上
伊陟(源)　50上,51下
伊通(藤原)　76下,77上,77下
惟任(藤原)　60下,61上(大進)
伊波　→頼宗(藤原)
惟扶(平)　10下
伊平(藤原)　87下,89下
伊輔(紀)　48上
為保(藤原)　40下
伊望(平)　15下,16上
伊房(藤原)　71上
為房(藤原)　58上(余(予))
為坊門院　→範子内親王
為隆(藤原)　76上
院　→後白河天皇・白河天皇・詮子(藤原)・鳥羽天皇
殷富門院　→亮子内親王
陰明門院　→麗子(藤原)
ウ
右近衛少将　→直忠(藤原)
右近衛中将　→雅信(源)
宇治殿　→頼通(藤原)
羽州　→師元(中原)
右大将　→実氏(藤原)・実頼(藤原)・定(源)・有仁(源)
右大臣　→伊尹(藤原)・為光(藤原)・雅信(源)・家忠(藤原)・雅定(源)・教通(藤原)・兼経(藤原)・顕光(藤原)・光(源)・公季(藤原)・公継(藤原)・恒佐(藤原)・高明(源)・三守(藤原)・師実(藤原)・

実経(藤原)・実行(藤原)・実定(藤原)・実頼(藤原)・師輔(藤原)・多(源)・忠経(藤原)・仲平(藤原)・忠平(藤原)・定方(藤原)・良世(藤原)・良輔(藤原)
右大弁　→範輔(平)
宇多天皇　7上(天皇),7下(天皇)(太上天皇),26上(上皇)
宇多天皇母后　→班子女王
右兵衛佐　→元輔(藤原)
右府　→家忠(藤原)・実定(藤原)・定方(藤原)

エ

永縁(僧)　74上,74下
永業(小槻)　78下
永光(源)　54上
英子内親王　28下(斎王)
永盛(平)　61下
英明(源)　19上
遠規(藤原)　37下,40上
延久聖主　→後三条天皇
延光(源)　44上,45上,47下
婉子内親王　27下(斎内親王),29上(内親王)(賀茂斎内親王)
円勢(僧)　74上
円融天皇　12下(新主),43上(皇太子),46上(天皇),46下(朕),47下(皇帝),48上(君)(朕),49上(太上天皇)

オ

皇子　→後一条天皇・後朱雀天皇・冷泉天皇
奥生(大中臣)　15上
近江の大津乃宮仁御宇之天皇　→天智天皇
近江乃大津乃宮爾御宇之天皇　→天智天皇
大炊頭　→師重(中原)
大殿　→師実(藤原)
男親王　→後朱雀天皇
穏子(藤原)　11下(后宮)(皇后),14上(皇太后),15下(皇太后),16上(皇太后)(后),17上(中宮),26上(中宮),40下(太皇太后),41上(昌泰太后)

カ

懐子(藤原)　45下
懐支王　32下(輔代)
懐寿(僧)　53上
懐信(源)　60下
懐忠(藤原)　32上(両省丞),32下(両丞),56上
懐平(藤原)　56上
加冠人　→公季(藤原)
雅教(藤原)　78上,79上
覚継(僧)　77下
学士　→義忠(藤原)・広業(藤原)
覚超(僧)　53上
家経(藤原)　81上,82下,83上,83下,84下(両大夫)
雅経(源)　40上
雅兼(源)　75下
家行(藤原)　87上
家光(藤原)　89上(左大弁),89下
家衡(藤原)　84上
雅材(藤原)　46下
花山天皇　45下(親王),46上(皇太子),54上(上皇)
家嗣(藤原)　88上,89下
家時(藤原)　85下,86下
家実(藤原)　84下(殿下),85下(殿下),87上(殿下)
雅実(源)　74上(内大臣)
雅俊(源)　74上
雅静(僧)　53上
雅信(源)　39上(右近衛中将),47下,50上(右大臣)(大臣)(左大臣),50下(左大臣),51上(左大臣),52上(左大臣)
雅親(源)　84上,87下
家成(藤原)　76下
雅清(源)　86上(源宰相中将),86下,87上(宰相中将),87下
家宣(藤原)　84上,86上(左大弁),86下,87上(左大弁)
家忠(藤原)　75下(右大臣)(大臣)(右府)
雅長(藤原)　79下

家通(藤原)　86上(左大臣)(大臣),86下(左大臣)(大臣),87上(左大臣)
雅通(源)　53下
雅定(源)　74上,76下,77上(内大臣),77下(右大臣)
雅文(和気)　9上,12下
上　→師輔(藤原)
家明(藤原)　79上
賀茂斎内親王　→婉子内親王
高陽院　→泰子(藤原)
家良(中原)　81下
家良(藤原)　89上(権大納言),89下
雅量(藤原)　38上(弁),40下
皮聖　→行円(僧)
浣(源)　19下
鑑(源)　20下
巻継(佐伯)　1下
観賢(僧)　10下
菅根(藤原)　6下
貫首　→実資(藤原)
寛信(源)　29上,33上,33下
幹正(菅原)　52下
関白　→教通(藤原)・忠平(藤原)・道隆(藤原)・頼通(藤原)
桓武天皇　1上(今上)

キ

季継(小槻)　87下,88下,89上(大夫史),89下
基経(藤原)　4上(大納言昭宣公),5上(太政大臣)(主人大臣),5下(太政大臣),29下(昭宣公)(公)
義慶(僧)　53上
季綱(藤原)　70上
基綱(源)　73上(左大弁)
羲皇　→伏義
基国(多治)　19上
季国(源)　82上
后　→穏子(藤原)・班子女王
喜子(藤原)　44下
基時(三善)　60下
徽子女王　26下(伊勢斎女王)
規子内親王　49下
宜秋門院　→任子(藤原)
基親(平)　80上
季成(藤原)　76下
希宣(源)　5下
北白川院　→陳子(藤原)
北野尓坐天満宮天神　→道真(菅原)
義忠(藤原)　60上,61上(学士),64上,64下,65上
吉光(調)　61下
吉平(菅野)　8下
吉理(太秦)　65下
基保(藤原)　86下
季方(藤原)　14上,14下
義方(良峯)　39上(左近衛中将),40上,40下
君　→円融天皇
久景(大石)　84下
旧主　→冷泉天皇
尭　35下(唐尭)
行円(僧)　55上(皮聖)
教家(藤原)　86上(皇后宮大夫),86下,87上(皇后宮大夫)
匡衡(大江)　52下(式部大輔)
教通(藤原)　58下,60上,60下,61上(大夫),62上(中納言),64上(大夫),64下(大夫),65上(大夫),67下(右大臣),68上(右大臣),68下(右大臣)(大臣),69下(関白)(左大臣),70下(殿下),71下(関白)(左大臣),73上(故殿)
匡房(大江)　73下
挙影(平)　62上
勤子内親王　22上,22下
覲子内親王　80上(宣陽門院),80下(宣陽門院),91上(宣陽門院),90下(宣陽門院)
今上　→桓武天皇・醍醐天皇・村上天皇
今上外祖母　→人康親王女
近武(中臣)　82上,84下

ク

空海(僧)　10下(弘法大師)
具実(源)　89下
九条院　→呈子(藤原)

九条大臣　→師輔(藤原)
九条大納言　→師輔(藤原)・良平(藤原)
具親(源)　82上
ケ
経家(藤原)　82上
経季(藤原)　71上
経季(源)　83下
経高(平)　88上,89上(平宰相),89下,90上,90下
景孝(中原)　81下
経行(藤原)　87上
経光(藤原)　90上
経国(藤原)　61下
景資(中原)　82上
経時(高階)　84上
馨子女王　33上,33下(褰帳),34下(褰帳)
経臣(藤原)　16下
経親(藤原)　85下
経信(源)　68上,69下,71上
経成(中原)　82下,83上
経宗(藤原)　79下(左大臣)
経長(源)　69下,71下
経通(藤原)　53下,86下,87上(別当),88上
経範(藤原)　83下
経輔(藤原)　69下,71上
経房(藤原)　79下,80下
経房(源)　63上,64上,64上(理髪人),53下,54上,54下,56上
外記　→正統(菅野)・有春(安倍)
兼家(藤原)　47下,50上(太政大臣),50下(太政大臣)
顕家(藤原)　82上
兼雅(藤原)　80下
顕雅(源)　73上
顕基(源)　59下
兼業(紀)　83下
兼業(藤原)　70下
兼経(藤原)　88下(内大臣),89上(両大臣)(右大臣),89下(大臣)(上卿)(右大臣),90上(上卿)
兼光(藤原)　79下,80下
顕光(藤原)　49上,50上,52上,52下(右大臣),53上(右大臣),53下(右大臣),56上(右大臣),57上(右大臣),57下(右大臣),62下(左大臣)(大臣)
兼行(源)　67下
憲光(源)　54上
軒后　→黄帝
兼材(源)　29上,33上,40下
源宰相中将　→雅清(源)
顕時(藤原)　78上,79上
彦子(藤原)　90下(宣仁門院)
兼実(藤原)　80上(殿下)
顕俊(藤原)　82上,83下,84上,85上
元正天皇　1下
兼清(卜部)　80下
兼成(大江)　70下
兼宗(藤原)　81下,82上,84下,85上
源大納言　→重信(源)・通具(源)
顕忠(藤原)　21上,22上,25上,37下(上卿),38上,38下(上卿)(大納言),39上(大納言)(上卿),39下(上卿),40上(大納言),41上,41下(上卿),42下,43上
源中納言　→道方(源)
顕長(藤原)　78上,79上
褰帳　→馨子女王・麗子女王
褰帳女王　→行子(藤原)・信子女王
兼通(藤原)　39上(左兵衛佐),39下,48上(内大臣)(上卿)(大臣)
兼貞(藤原)　54下
兼定(源)　84上
憲定(源)　53下
顕定(源)　90下
兼道(藤原)　39下(左兵衛佐)
元範(大中臣)　69下
元範(大宅)　67下
兼平(藤原)　16上
憲平親王　→冷泉天皇
元平親王　12上(陽成院二親王),15下,17下,27下(親王)
兼輔(藤原)　11上
元輔(藤原)　39上(右兵衛佐),39下,42

上
兼房(藤原)　59下
顕房(源)　69下,71上
元方(藤原)　18下,23上,25上,33下,34上(宣命大夫),36上,38上
兼明(源)　14上,41上(上卿),46下(大納言),47上(親王),47下(左大臣)
顕頼(藤原)　75下(権弁),76下
兼隆(秦)　84下
兼隆(藤原)　54下,56上,58下,60上,64上,88下
顕隆(藤原)　73上
兼良(藤原)　81上,81下
コ
後一条院　→後一条天皇
後一条天皇　55下(皇子),56上(新皇子),58下(天皇),59上(朕)(天皇),60下(天皇)(皇帝),63上(天皇)(皇帝),64上(天皇),64下(天皇),65上(天皇),66上(天皇),66下(皇帝),91下(後一条院)
光(源)　6下,8上(右大臣),8下(右大臣)
公　→基経(藤原)
康縁(僧)　52下
高雅(源)　54下
公雅(藤原)　40下
光雅(藤原)　80下
公季(藤原)　7上(大臣),53上(内大臣),53下(内大臣),54下,56上(内大臣),57下(内大臣),58下(右大臣)(大臣),59上(大臣),60上(大臣)(上卿),60下(右大臣),62上(右大臣),62下(右大臣),63上(右大臣),64上(右大臣)(藤原朝臣)(傅),64下(右大臣)(加冠人)(傅),65上(上卿)(大臣)(傅),66上(大臣)(右大臣)
広業(藤原)　60上,61上(学士),64上
后宮　→穏子(藤原)
公家　→一条天皇・朱雀天皇・崇徳天皇
広経(中原)　82上
公経(藤原)　82上,83下,84上
公継(藤原)　80下,82上,83上,82下,83上,83下,84上,86下(右大臣),87上(右大臣),87下(右大臣)(大臣)
高経(藤原)　6上
黄軒　→黄帝
孝言(惟宗)　68上
好古(小野)　26下,42下
好古(橘)　44下
高行(大江)　75下
光高(狛)　64下,65上(近衛将監)
公行(藤原)　76下
康光(藤原)　83下
皇后　→穏子(藤原)・昇子内親王・泰子(藤原)・得子(藤原)・範子内親王・有子(藤原)・利子内親王・亮子内親王
皇后宮権大夫　→実氏(藤原)・良平(藤原)
皇后宮大夫　→教家(藤原)
公国(藤原)　82上,82下,84上
恒佐(藤原)　10下,14上,15下,16上,16下,17下(大納言)(内弁),18下(右大臣)(大臣),20上(右大臣)
公氏(藤原)　84上,85上,85下,88上
行子(藤原)　71上(褰帳女王)
幸子(藤原)　16上
高子(藤原)　57上
高嗣(藤原)　90上
公時(藤原)　80下
康実(源)　84下
康子内親王　16上
行俊(清原)　80上
光俊(藤原)　86下,89上,89下(弁)
公章(藤原)　74下(少納言)
恒尚(藤原)　6下
孝信(小槻)　70下
公信(藤原)　54上,58下,59上,60上,61下,64上
光親(藤原)　83下,84上,84下(藤原宰相)
綱成(大枝)　2上
公成(藤原)　60下,64上
行成(藤原)　54下,58下,60上,64上
行盛(藤原)　76上

公盛(源)　70下,71上(典儀)
公節(大中臣)　28下
公宣(藤原)　84上,85上,87下
恒則(大宅)　61上
皇太后　→穏子(藤原)・彰子(藤原)・詮子(藤原)・呈子(藤原)・得子(藤原)
皇太子　→円融天皇・花山天皇・恒貞親王・後朱雀天皇・正良親王・醍醐天皇・冷泉天皇
皇太子傅　→実頼(藤原)
皇太弟　→後朱雀天皇
皇大夫人　→新笠(高野)
光忠(藤原)　78上,79上
公忠(三統)　18下,20上,20下,21下,26上,26下
公定(藤原)　81上,81下,82上,82下,83上,85上,85下
黄帝　35下(軒后),42上(黄軒)
皇帝　→一条天皇・円融天皇・後一条天皇・淳和天皇・朱雀天皇・清和天皇
恒貞親王　3下(皇太子)(東宮)
公任(藤原)　49上,54下,56上,64上
高年(菅野)　3下
公能(宗岳)　70下
孝範(藤原)　83下(大内記)
好風(平)　6下
興平(源)　14上
康晡(藤原)　68上
広房(小槻)　80上
公房(藤原)　81上,81下,82上,84下(両大夫)
行房(藤原)　68下
光房(藤原)　77上(左少弁)
公望(矢田部)　14下
弘法大師　→空海(僧)
孝明(平)　61下
高明(源)　23上,25下,35下,38上,39下(右大臣),41上,45下(左大臣)
行明(三善)　83下
行明親王　29上,33上
孝茂(藤原)　60下
光頼(藤原)　77上(左衛門権佐),77下(頭弁),79上,88上
久我内府　→通親(源)
故菅丞相　→道真(菅原)
国淵(源)　9上,23下(中務輔),24上(中務輔)(輔),24下(輔),25上
国儀(高橋)　59下
国挙(源)　54下
国経(中原)　83下
国経(藤原)　6下
国光(藤原)　32上(両省丞),32下(丞)(両丞)
国時(有永)　41上
国章(安野)　32上,34上(賛者)
国成(藤原)　67下
国宗(小槻)　81下,82下,83上,83下,85下
国定(多米)　51下,52上,52下
国任(藤井)　73上
国能(中原)　83下
故斎内親王　→宣子内親王
後三条天皇　69上(東宮),69下(天皇),70上(宸儀),71上(天皇)(宸儀),71下(天皇),88上(延久聖主)
護子(藤原)　12上
後白河天皇　79下(院),80下(院)(法皇)
御朱雀院　→後朱雀天皇
後朱雀天皇　56下(男親王),57上(皇子)(親王)(若宮),57下(若宮)(敦良親王),58下(皇太弟),59上(皇太弟),59下(皇太弟),60下(皇太弟),61上(皇太弟),62上(東宮),62下(敦良親王)(皇太弟),63上(東宮)(皇太子),63下(皇太子)(太子),64上(皇太子),64下(太子)(皇太子),65上(皇太子)(太子),66上(皇太子),91下(御朱雀院)
後生(藤原)　44上,45上
故殿　→教通(藤原)・実頼(藤原)
後鳥羽天皇　81上(上皇),82上(先院)
近衛将監　→光高(狛)
後冷泉天皇　68上(天皇),68下(天皇)

厳然(僧)　53上
権大納言　→家良(藤原)・済時(藤原)
権弁　→顕頼(藤原)

サ

斎王　→英子内親王
在寛(平)　47下(少納言)
在衡(藤原)　23上,25上,26上,37下,38上,39上,43下,44下,46上(上卿),46下(左大臣),47上(左大臣)
在国(藤原)　50上
在子(源)　81下(承明門院),82上(承明門院)
在昌(紀)　23上,23下(内記)
宰相中将　→雅清(源)
斎内親王　→婉子内親王
左衛門権佐　→光頼(藤原)
嵯峨院　→嵯峨天皇
嵯峨天皇　3下(嵯峨院)
前摂政　→道長(藤原)
佐光(藤原)　54下
佐国(大江)　69下
左近衛少将　→伊尹(藤原)
左近衛中将　→義方(良峯)
左将　→仲平(藤原)
左丞相　→仲平(藤原)
左少弁　→光房(藤原)
左大将　→道家(藤原)・良相(藤原)
左大臣　→雅信(源)・家通(藤原)・教通(藤原)・経宗(藤原)・兼経(藤原)・顕光(藤原)・兼明(源)・高明(源)・在衡(藤原)・実頼(藤原)・時平(藤原)・俊房(源)・仲平(藤原)・忠平(藤原)・道長(藤原)・有仁(源)・頼通(藤原)・隆忠(藤原)・良実(藤原)・良平(藤原)・良輔(藤原)
左大弁　→家光(藤原)・家宣(藤原)・基綱(源)・親宗(平)
佐忠(三善)　50上
佐貞(惟宗)　83下
左兵衛佐　→兼通(藤原)・兼道(藤原)
左府　→師尹(藤原)・俊房(源)
佐味親王　2上
賛者　→国章(安野)・泰(秦)
三守(藤原)　3下(右大臣)
三条大納言　→実親(藤原)
三条天皇　55下(東宮)

シ

史　→守行(浅井)
師安(中原)　76上
師尹(藤原)　12下(左府),33下,35下,40上,45上(藤原朝臣)
師遠(中原)　75下
師季(中原)　86上,86下,87下(余(予)),88下(余(予)),89上(余(予))
師基(藤原)　68下
資季(藤原)　90上,90下
式乾門院　→利子内親王
式部卿親王　→敦実親王
式部大輔　→匡衡(大江)
式並(文)　22下
式明親王　15下
師業(中原)　13上,77下(余(予))
資業(藤原)　59下,65下
資景(安倍)　82上,86下
師経(藤原)　83下,84上,84下(春宮権大夫),85上,86上(藤大納言),86下,87上(藤大納言),87下(内大臣)
時経(藤原)　70上
師兼(中原)　89下(余(予)),90上(余(予)),90下(余(予))
師元(中原)　66下(余(予)),78下,88上(羽州)
時兼(平)　88上,88下
師公(中原)　80下
至孝(藤原)　61下
資光(藤原)　75上
資綱(源)　69下,88上
時高(平)　90下(弁)
時光(藤原)　56上
時綱(源)　70上
資国(藤原)　60下,61上(六位進)
師氏(藤原)　19上,19下,33下,35下,41上
師時(源)　75下

師実(藤原)　69下(右大臣)(上卿)(大臣), 70上(右大臣)(大臣), 70下(大臣), 71上(大臣), 71下(大臣)(右大臣), 73上(大殿)
資実(藤原)　81上(頭右大弁)(頭弁), 81下, 82上, 82下, 83上, 84上, 85上
師重(中原)　81下, 82上, 82下(大炊頭), 83上, 84下(余(予)), 85上(余(予)), 85下(余(予))
時盛(大中臣)　76上
志全(僧)　11下
資宗(藤原)　68下
資仲(安倍)　85下
資仲(藤原)　67下
時中(源)　54下(大夫)
師長(中原)　77上
資長(藤原)　78上, 78下, 79上
実家(藤原)　79下, 80上
実季(藤原)　71上
実基(藤原)　88下, 89上(中宮大夫)
実経(藤原)　88下, 90下(右大臣)(大臣)
実行(藤原)　75上, 77上(右大臣)
実光(藤原)　86上
実綱(藤原)　79下
実衡(藤原)　76下
実国(藤原)　79下
実氏(藤原)　86下, 87上(皇后宮権大夫), 87下(右大将)
実資(藤原)　13上(余(予)), 55下, 56上, 56下, 57下, 58下, 60上, 64上, 65上(貫首), 65下(貫首)
実時(藤原)　84上
実親(藤原)　86上(中宮権大夫), 87下, 88上, 88下(三条大納言)
実成(藤原)　53下, 54下, 55下, 56上, 64上
実政(藤原)　69上
実清(藤原)　78下
実誓(僧)　53上
実宣(藤原)　83下, 85上, 85下
実宗(藤原)　70上
実長(惟宗)　70下
実長(藤原)　78上, 79上
実定(藤原)　79下(右大臣)(大臣)(右府), 80上(右大臣)
実能(藤原)　76下
実房(藤原)　79下, 80上, 80下(上卿)
実有(藤原)　87下, 89下, 90上
実頼(藤原)　15下, 17下, 18上(上卿), 18下, 19上(上卿), 19下(上卿)(右大将), 20上, 21上, 21下(上卿), 25上(大納言), 26上(右大臣), 26下(故殿), 27下(大臣), 28上(右大臣), 28下(右大臣)(大臣), 29上(大臣), 29下(右大臣), 30上(上卿), 31下(右大臣), 32上(右大臣)(大臣), 32下(大臣), 33下(大臣), 34下(大臣), 35下(右大臣)(大臣), 36上(大臣), 39下(左大臣)40上(左大臣)(皇太子傅), 42上(左大臣), 42下(左大臣), 43上(左大臣), 44上(左大臣)(大臣), 45上(左大臣)(大(太)相国)
実利(橘)　23下(少納言), 24上(少納言), 24下(少納言), 29上, 33下
時道(坂上)　61上
師平(中原)　68上
資平(藤原)　64上, 88上
時平(藤原)　6下, 7上, 8上(左大臣)
師輔(藤原)　15下(藤原, 息子), 17下, 18上, 18下, 22上(上卿), 22下, 23上(上卿), 23下(上卿)(上), 24上(上), 24下(上), 25上(上卿), 25下(上卿), 27上(九条大納言), 30上(大納言), 33上, 35上, 36上(九条大臣)(大臣), 39下(右大臣)
師房(源)　69下(内大臣), 71下(内大臣), 72上
時方(藤原)　51下
時望(平)　15下
重尹(藤原)　65下
秋永(当宗)　6下
秀郷(藤原)　23上
重光(源)　50上, 51下
周公旦　42上(魯聖)

重子(藤原)　83上(修明門院),83下(修明門院)
秋津(文室)　3下(文室朝臣)
秋津(宗岡)　9下
重信(源)　40下,44上,49上(上卿),50下(源大納言)(上寿),51上(源大納言)
重通(林)　60下
重通(藤原)　76下
重方(藤原)　78上,79下,88上
重房(藤原)　71上
重明親王　15下,17下,29上,33上,34上(左威儀親王),38上,41下
修明門院　→重子(藤原)
衆与(安倍)　41上
衆頼(秦)　44上
淑光(紀)　18上,18下,22上
淑子(藤原)　7上,44下
守行(浅口)　10下
守行(浅井)　38上(史)
主上　→朱雀天皇・清和天皇
守信(宇治)　54下
主人大臣　→基経(藤原)
守忠(藤原)　40上
守通(源)　84上
守文(藤原)　18下
主鈴　→利用(長岑)
俊(源)　48上
春穏(僧)　53上
俊家(藤原)　72上(民部卿)
春花門院　→昇子内親王
俊経(橘)　62上
俊経(藤原)　78下
俊賢(源)　54上,54下,56上,61下,62上(上卿)
春行(斎部)　28下
順孝(惟宗)　66上
竴子(藤原)　89下(藻壁門院)
順子(藤原)　4下(太皇太后)(祖母太后)
遵子(藤原)　49上(中宮)
春日内親王　3上
淳和院　→淳和天皇
淳和天皇　1上(皇帝),1下(皇帝),2上(皇帝)(宸儀),2下(天皇)(朕),3下(淳和院),37上(天長)
俊輔(源)　71上
俊房(源)　20上,69下,71下,72下(左大臣),73下(左大臣)(左府)
丞　→国光(藤原)
定基(僧)　53上
上卿　→兼経(藤原)・顕忠(藤原)・兼通(藤原)・兼明(源)・公季(藤原)・在衡(藤原)・師実(藤原)・実房(藤原)・実頼(藤原)・師輔(藤原)・重信(源)・俊賢(源)・清蔭(源)・宗隆(藤原)・忠経(藤原)・通親(源)・隆忠(藤原)・良経(藤原)
昌言(大江)　46下
章行(高階)　70下
尚光(中原)　81下
常行(上毛野)　16上
上皇　→宇多天皇・花山天皇・後鳥羽天皇・鳥羽天皇
勝子(藤原)　16上
彰子(藤原),54上(中宮),54下(中宮),55上(中宮),55下(中宮),56下(中宮),57上(中宮),61上(皇太后)(母后),67上(太皇太后)
昇子内親王　84下(皇后)(春花門院)(新女院)
章子内親王　72上(太皇太后)(二条院)
勝子内親王　4上
暲子内親王　78上(無品内親王),78下(無品内親王)(八条院),80下(八条院),87下(八条院)
常主(橘)　2上
上寿　→重信(源)
上寿者　→道綱(藤原)・文範(藤原)
静昭(僧)　53上
章信(藤原)　60下
定暹(僧)　53上
昭宣公　→基経(藤原)
昭宣室　→人康親王女
昌泰太后　→穏子(藤原)
少納言　→安典(平)・惟扶(平)・公章(藤

原)・在寛(平)・実利(橘)・信通(藤原)・成経(藤原)・南金(橘)・良経(藤原)
章明親王　47下
常明親王　15下，17下
承明門院　→在子(源)
将門(平)　23上
諸葛(藤原)　6下
庶幾(菅原)　20下
庶孝(藤原)　60下
緒嗣(藤原)　3上，37上
助縄(多治比)　16上
庶明(源)　29上，38上，39下，40上，40下，41上
資頼(藤原)　89下
師頼(源)　76下
時頼(藤原)　32上，32下
白河天皇　58上(院)，72上(天皇)，73下(院)，74上(院)，74下(院)，75下(院)
親王(藤原)　62上
真寛(僧)　74下
宸儀　→一条天皇・後三条天皇・淳和天皇・村上天皇
震儀　→朱雀天皇
親経(藤原)　81下，82上，82下，83下
親賢(藤原)　40下
岑行(丹波)　8下
信恒(藤原)　40下
新皇子　→後一条天皇
人康親王女　29下(昭宣室)(今上外祖母)
親国(平)　82下，83上
新宰相中将　→宣経(藤原)
信子女王　71上(褰帳女王)
信実(僧)　76上
新主　→円融天皇
信重(平)　66上
信俊(清原)　76下
親俊(藤原)　70下，90上
信順(源)　51下
親信(平)　54上，54下
信盛(藤原)　89下，90上
親宗(平)　79下，80上(左大弁)，80下，81上
親忠(藤原)　84上
親長(平)　86下，87下(弁)，88下(弁)，89上(頭)
信長(藤原)　69下，71上
信通(藤原)　64下，65上(少納言)
親定(藤原)　84上
新藤中納言　→頼資(藤原)
新女院　→昇子内親王
親能(藤原)　84上
親王　→花山天皇・元平親王・兼明(源)・後朱雀天皇
信範(平)　79下
尋範(僧)　77下，79上
親輔(平)　84上
親房(藤原)　70下
信明(源)　24下
親頼(藤原)　90下(弁)
新笠(高野)　1上(皇大夫人)
親隆(藤原)　79上

ス

菅原卿　→道真(菅原)
亮　→惟憲(藤原)
輔　→国淵(源)
輔代　→懐支王
朱雀院　→朱雀天皇
朱雀院太上天皇　→朱雀天皇
朱雀天皇　13上(公家)，14上(皇帝)(天皇)，15上(天皇)，15下(帝皇)，17上(天皇)(皇帝)，17下(皇帝)，18下(主上)(天皇)，19下(天皇)，20上(天皇)(震儀)，21上(朕)，21下(天皇)，22下(主上)，27上(主上)，28下(太上天皇)，29上(太上天皇)，29下(太上天皇)，30上(太上天皇)，35下(太上天皇)，37下(朱雀院太上天皇)，51下(朱雀院)
鈴(代カ)　→正頼(立野)
崇徳院　→崇徳天皇
崇徳天皇　75下(公家)，91下(崇徳院)

セ

済(源)　34上

清蔭(源)　15下,25下,26下(上卿),27上(上卿),35下
清遠(源)　29下,33上
清雅(藤原)　40上
清貫(藤原)　10下,12上(藤朝臣)
成季(藤原)　69下,70上,70下
成経(藤原)　68下(少納言),82上
盛経(藤原)　82下,83上,83下
盛兼(藤原)　89上(中宮権大夫)
正光(藤原)　54上,54下,56上
清行(三善)　10上
清高(粟田)　69上
済時(藤原)　45上,47下,50下(権大納言),51上(権大納言)
清重(源)　19下
清春(僧)　53上
斉信(藤原)　54下,55上,55下,56上,56下,58下,60上
成親(藤原)　54下
盛親(藤原)　78下
盛清(大江)　82上
清成(藤原)　88下
済政(源)　54上,54下
清政(源)　68上
成世(和気)　76上
成清王　70上
成忠(高階)　45上
成長(藤原)　84上
清長(藤原)　81下,84上
清通(大江)　54下
斉通(滋野)　65下
成通(藤原)　77下
正統(菅野)　37上,38上(外記),45上,47上
斉敏(藤原)　40下
正平(橘)　62上
政輔(佐伯)　70下
清方(菅野)　15下
成房(藤原)　53下
正頼(立野)　65上
成頼(藤原)　79上
正良親王　1下(皇太子)
清和天皇　4上(主上),4下(皇帝)
是海(佐伯)　44上
是忠親王　6下
摂政　→忠実(藤原)・忠通(藤原)・道隆(藤原)・頼通(藤原)
是貞親王　6下
是茂(源)　17下,21上
是連(雀部)　35下,39上
泉(源)　12下,32上(典儀),34上(典儀)
先院　→後鳥羽天皇
宣経(藤原)　89上(新宰相中将)
千桂(三園(薗))　28上,29上,29下,31下,32上
善言(滋野)　53上,54上
禅閤　→忠実(藤原)
詮子(藤原)　50下(皇太后),52上(皇太后),52下(東三条院),53上(東三条院),53下(東三条院),54上(院)
宣子内親王　10下(故斎内親王)
泉代(源)　28上
先帝　→醍醐天皇
宣仁門院　→彦子(藤原)
宣房(藤原)　84下
宣命大夫　→元方(藤原)
千門(布瑠)　45上
宣陽門院　→覲子内親王
善理(平)　44上

ソ

宗家(藤原)　79下
宗基(藤原)　90下
宗継(中原)　90下
宗行(藤原)　84上,85上,85下(頭弁)
蔵嗣(安倍)　2上
宗俊(藤原)　71下
相職(源)　20下,25下
宗臣(橘)　34上
増暹(僧)　53上
宗忠(藤原)　74上
宗能(藤原)　75下,77下,78上(内大臣)(大臣),78下(大臣),79上(内大臣)
相範(文室)　70上,70下
藻壁門院　→竴子(藤原)

宗輔(藤原)　75下,76下
相奉(源)　61下
宗房(藤原)　86上,87下
宗頼(藤原)　80下,81下,82上,82下
宗隆(藤原)　81上,81下,82上(上卿)
則孝(藤原)　54上
則忠(源)　54下
村蔭(藤原)　33下
村松(紀)　61下
タ
多(源)　5上(右大臣)
泰(秦)　32上,34上(賛者)
泰憲(藤原)　69下,71下
祖母太后　→順子(藤原)
太皇太后　→穏子(藤原)・順子(藤原)・彰子(藤原)・章子内親王・禎子内親王
醍醐天皇　7上(皇太子),7下(今上),10上(天皇),26下(先帝)
太進　→惟任(藤原)
泰子(藤原)　76下(皇后)(高陽院)
太子　→後朱雀天皇
大(太)相国　→実頼(藤原)・忠平(藤原)
太政大臣　→基経(藤原)・兼家(藤原)・忠平(藤原)・頼実(藤原)・頼忠(藤原)
太上天皇　→宇多天皇・円融天皇・朱雀天皇
大相府　→忠平(藤原)
大臣　→雅信(源)・家忠(藤原)・家通(藤原)・教通(藤原)・兼経(藤原)・顕光(藤原)・兼通(藤原)・公季(藤原)・公継(藤原)・恒佐(藤原)・師実(藤原)・実経(藤原)・実定(藤原)・実頼(藤原)・師輔(藤原)・宗能(藤原)・仲平(藤原)・忠平(藤原)・冬嗣(藤原)・良実(藤原)・良平(藤原)・良輔(藤原)
泰通(藤原)　79下,80下,81上,81下,82下
大内記　→孝範(藤原)
大納言　→顕忠(藤原)・兼明(源)・恒佐(藤原)・実頼(藤原)・師輔(藤原)
大納言昭宣公　→基経(藤原)
大夫　→教通(藤原)・時中(源)
大夫史　→季継(小槻)
代明親王　15下,16上(中務卿親王),17下
鷹司院　→長子(藤原)
多津　→頼通(藤原)
チ
致業(紀)　68上
致時(中原)　52上
知信(平)　75上
知通(藤原)　62上
致任(津守)　59下
致平親王　47下
智芳(僧)　74下
忠家(藤原)　9上
忠雅(藤原)　78上,78下(藤大納言),79上
忠幹(藤原)　16上
忠幹(源)　33下,34上,34下
忠基(藤原)　76下
忠季(源)　70上
忠規(源)　54下
中宮　→安子(藤原)・穏子(藤原)・遵子(藤原)・彰子(藤原)・媞子内親王・任子(藤原)・班子女王・立子(藤原)・麗子(藤原)
中宮権大夫　→実親(藤原)・盛兼(藤原)
中宮大夫　→実基(藤原)
仲経(藤原)　82上
忠経(藤原)　81上,81下,82上,82下(上卿)(内大臣),83上(上卿),83下(右大臣),84上
忠光(三善)　81下
忠厚(藤原)　41上
忠高(藤原)　90上
忠時(源)　44上
忠実(藤原)　73下(殿下),74下(摂政),78下(禅閤),78上(殿)(禅閤)
仲舒(源)　61下
中将　→隆俊(源)
忠信(宇治)　60下,65下
忠信(藤原)　84上
忠親(藤原)　80下

忠盛（平）　76上，76下
忠清（藤原）　40下，84上
忠宗（藤原）　70下，71下
忠通（藤原）　75下（殿下）（摂政），77下（殿下）
忠定（藤原）　84上
中納言　→教通（藤原）
仲任（橘）　40上
忠範（橘）　54下
忠範（伴）　32下，33下（伴佐両氏），34上（伴佐両氏）
忠範（箭集）　35下
忠文（藤原）　25上，25下
仲平（藤原）　12上（按察使大納言），14上，14下，15下（右大臣），16上（右大臣），17上（右大臣），18下（左大臣）（大臣），19下（左将），20下（左大臣）（左丞相）（大臣），22下（藤原朝臣）
忠平（藤原）　9上（大臣），9下（大臣），10下（右大臣）11下（長者），13上（左大臣），13下（左大臣），14上（左大臣），14下（左大臣），15下（左大臣），16上（左大臣），16下（左大臣），17上（太政大臣）（藤原朝臣），20下（太政大臣），27上（太政大臣），27下（太政大臣），28上（太政大臣），32下（殿下），37上（太政大臣）（関白）（大（太）相国），39下（太政大臣）（大相府），44下（貞信公），45上（左大臣）（大臣）
忠輔（藤原）　54下，56上
忠望王　11下，28下
仲野親王娘　→班子女王
忠良（安倍）　23上
長季（源）　68下
澄景（大江）　41下
朝経（藤原）　1上，53下，55下，58下，60上，61下，62上，64上
長兼（藤原）　81下，83下
朝見（藤原）　9上
朝綱（大江）　20下（文章博士），27下，35下
長子（藤原）　89上（鷹司院）
長者　→忠平（藤原）
長仁（大鹿）　28下
朝成（藤原）　47上
長盛（三善）　82上
朝晴（僧）　53上
長宗（藤原）　70下
朝忠（藤原）　44上
朝望（大江）　29上
長房（藤原）　68下，83下，84上
朝明（中臣）　49上
朝頼（藤原）　19下
朝隆（藤原）　76下
直（源）　6下
直幹（橘）　25上，27下，30上，32上，35下
陟子（源）　61上
直忠（藤原）　39上（右近衛少将），39下（右近衛少将），40下
儲君　→冷泉天皇
朕　→円融天皇・後一条天皇・淳和天皇・朱雀天皇・村上天皇
陳子（藤原）　86下（北白川院）
陳政（藤原）　50上，54下

ツ

通具（源）　81下，82上，82下，83上，83下，84上，84下，85上，86上（源大納言）
通光（源）　82上，83下，84上，84下
通資（源）　79下，80下，81下，82上，82下
通親（源）　79下，80下，81下（上卿），82上（内大臣），82下（内大臣），87下（久我内府）
通忠（源）　89下，90上
通任（藤原）　62上
通範（藤原）　61上
通方（源）　84上，86上（土御門中納言），86下，87上（土御門中納言），88下，89上（土御門中納言），89下
土御門大納言　→定通（源）
土御門中納言　→通方（源）

テ

定（源）　4上（右大将）
定家（藤原）　86上（民部卿），86下，87上（民部卿）

定雅（藤原）　84上，90上，90下
定経（藤原）　79下，80上
貞元親王　6下
貞行（小槻）　13下，60下，61下
定高（藤原）　84上，86上（二条中納言），88下，89上（二条中納言），89下
帝皇　→朱雀天皇
定国（藤原）　7上
貞固親王　6下
呈子（藤原）　79下（皇太后）（九条院）
媞子内親王　72下（中宮）（郁芳門院）
禎子内親王　67上，71下（太皇太后）（陽明門院），88上
諦子内親王　90上（明義門院），90下（明義門院）
貞主（滋野）　3下
貞守（藤原）　3下
貞純親王　6下
貞親（中原）　67下，69上
貞信公　→忠平（藤原）
貞盛（平）　23上，42上
定政（中原）　73下
貞村（豊原）　14下
定長（藤原）　80下
定通（源）　83下，84上，86下，87上（土御門大納言），88上
定能（藤原）　79下，80下
定文（平）　10下
定平（源）　86上
貞平親王　6下
定輔（藤原）　81下，82上，83下，84上
定方（藤原）　9下，10下，11上（右大臣），11下（右府）
貞保親王　6下，39下
貞利（藤原）　61下
殿下　→家実（藤原）・教通（藤原）・兼実（藤原）・忠実（藤原）・忠通（藤原）・忠平（藤原）・道家（藤原）・冬嗣（藤原）・道長（藤原）・頼通（藤原）
典儀　→公盛（源）・泉（源）
典職（伴）　33上
天智天皇　2下（近江乃大津乃宮爾御宇之天皇），31上（近江の大津乃宮仁御宇之天皇）
天長　→淳和天皇
天皇　→一条天皇・宇多天皇・円融天皇・後一条天皇・後三条天皇・後冷泉天皇・淳和天皇・白河天皇・朱雀天皇・醍醐天皇・村上天皇

ト

等（源）　38上
頭　→親長（平）
藤朝臣　→清貫（藤原）
洞院后　→班子女王
道家（藤原）　84上，84下（左大将），89下（殿下），90上（殿下）
当幹（藤原）　15下，16下，18上，22上
董季（海）　41下
唐尭　→尭
東宮　→恒貞親王・後三条天皇・後朱雀天皇・三条天皇・二条天皇・冷泉天皇
春宮　→敦明親王
春宮権大夫　→師経（藤原）
道経（藤原）　84上
道兼（藤原）　52下（内大臣）
道綱（藤原）　54上，54下，55上，56上，57上，62下，63上（上寿者），64上
冬嗣（藤原）　1下（大臣）（殿下），2上（大臣）（殿下）
当時（源）　10上
道時（源）　70上
道真（菅原）　7上（菅原卿），49下（北野尓坐天満宮天神），52上（故菅丞相）
藤大納言　→師経（藤原）・忠雅（藤原）
道長（藤原）　50上，53上（左大臣），53下（左大臣），54上（左大臣），54下（左大臣），55下（左大臣），56上（左大臣），56下（左大臣），57上（左大臣），57下（左大臣），58上（入道殿），60下（前摂政）（殿下）
頭右大弁　→資実（藤原）
頭弁　→光頼（藤原）・資実（藤原）・宗行（藤原）・頼資（藤原）
棟範（平）　80下

棟方(藤原)　62上
道方(源)　53下,56上,58下,60上,62上,64上,91上(源中納言)
道明(藤原)　10上
統理(藤原)　50上
道隆(藤原)　50下(内大臣),51上(内大臣),52上(摂政)(関白)
得子(藤原)　77上(皇太后)(皇后)(美福門院),78上(美福門院)
殿　→忠実(藤原)
鳥羽天皇　76上(院),76下(上皇),77上(院),77下(法皇)
伴佐両氏　→忠範(伴)・保躬(佐伯)
敦家(藤原)　68下
敦基(藤原)　70上,71上
敦慶親王　11上
敦賢親王　71上,71下(左親王)
敦光(藤原)　75下
敦実親王　15下,16上(式部卿親王),17下,22下
敦成親王　56上
敦直(藤原)　86上
敦敏(藤原)　25下
敦明親王　58下(春宮),59上,62下
敦良親王　→後朱雀天皇
ナ
内記　→在昌(紀)・文時(菅原)・文明(三善)
内親王　→婉子内親王
内大臣　→雅実(源)・雅定(源)・兼経(藤原)・兼通(藤原)・公季(藤原)・師経(藤原)・師房(源)・宗能(藤原)・忠経(藤原)・通親(源)・道兼(藤原)・道隆(藤原)・有仁(源)・頼通(藤原)・良平(藤原)
内弁　→恒佐(藤原)
中務卿親王　→代明親王
中務輔　→国淵(源)・南金(橘)
中臣使　→頼基(大中臣)
南金(橘)　25下(中務輔),30上,38上(少納言),38下(少納言)
ニ
二条院　→章子内親王
二条中納言　→定高(藤原)
二条天皇　78上(東宮)
日助(僧)　53上
入道殿　→道長(藤原)
女院　→亮子内親王
女御　→安子(藤原)・茂子(藤原)
任子(藤原)　81上(中宮)(宜秋門院),81下(宜秋門院)
仁盛(僧)　53上
ノ
能季(藤原)　69下,71上
能信(藤原)　64上
能正(源)　41下
能長(藤原)　69下,71下,88上
能有(源)　6下
ハ
博雅(源)　35下,36上
八条院　→暲子内親王
範永(藤原)　61上,62下
範光(藤原)　82上
範時(藤原)　84上,85下(弁)
班子女王　6上(宇多天皇母后)(仲野親王娘)(洞院后)(中宮),6下(后)
範子内親王　82下(皇后)(坊門院),83上(坊門院)(皇后)
範政(中原)　73上
範朝(藤原)　84上
範輔(平)　86下,87下,88上,89上(右大弁),89下
範茂(藤原)　84上
ヒ
東一条院　→立子(藤原)
東三条院　→詮子(藤原)
左親王　→敦賢親王
左威儀親王　→重明親王
梶長(藤原)　5下
美福門院　→得子(藤原)
敏延(橘)　45下
敏世(紀)　32下

フ
扶(平)　14下
傅　→公季(藤原)
扶幹(藤原)　15下,16下,17下,18上
伏羲　42上(羲皇)
藤壺女御　→安子(藤原)
藤原,息子　→師輔(藤原)
藤原朝臣　→公季(藤原)・師尹(藤原)・仲平(藤原)・忠平(藤原)
藤原宰相　→光親(藤原)
傅説(御船)　41上,42下,44上
文時(菅原)　25下(内記),32上,44上,45上
文正(藤原)　12上
文正(文正,母)　12上
文範(藤原)　44上,47下(上寿者)
文明(三善)　23上,23下(内記)
文室朝臣　→秋津(文室)
ヘ
平安宮仁御宇志倭根子天皇　→村上天皇
平宰相　→経高(平)
平子(橘)　21下
別当　→経通(藤原)・隆親(藤原)
別当法印　→隆覚(僧)
弁　→雅量(藤原)・光俊(藤原)・時高(平)・親長(平)・親頼(藤原)・範時(藤原)
遍救(僧)　53上
ホ
保胤(慶滋)　49上
法皇　→後白河天皇・鳥羽天皇
奉時(小野)　32上
芳子内親王　3上,3下
邦子内親王　87下(安嘉門院)
法昭(僧)　53上
方盛(氷)　13下,14上
豊範(山前)　40上
坊門院　→範子内親王
保家(藤原)　84上
保躬(佐伯)　32下,33下(伴佐両氏),34上(伴佐両氏)
保光(源)　47下,50上
母后　→彰子(藤原)
保実(品治)　21上
保忠(藤原)　13下,15下,16上,26下
保平(伴)　28下
輔平(藤原)　84上
保理(日下部)　65下
本康親王　6上
マ
満子(藤原)　44下
ミ
源朝臣　→隆姫女王
明義門院　→諦子内親王
妙玄(僧)　53上
明尊(僧)　53上
妙尊(僧)　53上
民部卿　→俊家(藤原)・定家(藤原)
ム
無品内親王　→暐子内親王
村上天皇　8下(邑上),27上(天皇),27下(天皇),28上(天皇),28下(天皇),29下(天皇)(今上),30上(天皇),31上(天皇)(平安宮仁御宇志倭根子天皇)(朕),31下(天皇),32上(天皇),34上(宸儀),34下(天皇),35下(朕),37下(今上),38下(天皇),39下(天皇),42上(朕),42下(朕)
メ
明方(藤原)　14上
モ
茂行(占部)　14下
茂子(藤原)　69上(女御)
文章博士　→維時(大江)・朝綱(大江)
ヤ
弥嗣(大伴)　1下
ユ
有柯(我孫)　43上
有家(藤原)　83下
祐家(藤原)　69下,71下,72上
有雅(源)　84上
祐挙(平)　46下
有国(藤原)　54下,56上
有子(藤原)　88上(皇后),88下(安喜門

院)
裕子(源)　16上
有資(源)　86上
有実(藤原)　6下
有春(安倍)　18下(外記),19上(外記)
有象(十市)　25下
邑上　→村上天皇
有親(平)　90上
有仁(源)　75上(右大将),75下(内大臣),76下(左大臣)
融碩(僧)　53上
有相(藤原)　18下,40上
有任(藤原)　62上
有穂(藤原)　6下
有方(春道)　37下,39下
有命(藤原)　6下
有明親王　15下,17下,29上,38上
有利(藤原)　19下

ヨ

余(予)　→為房(藤原)・師季(中原)・師業(中原)・師兼(中原)・師元(中原)・師重(中原)・頼業(清原)
陽成院二親王　→元平親王
陽明門院　→禎子内親王

ラ

頼基(大中臣)　26下,27上(中臣使)
頼業(清原)　80上(余(予))
頼行(大中臣)　32下
頼資(藤原)　87下(頭弁),88上,89上(新藤中納言),89下
頼実(僧)　74下
頼実(藤原)　79下,80上,80下,81上,83下(前太政大臣)
頼職(源)　61下
頼親(藤原)　53下
頼成(中原)　69上
頼宗(藤原)　53下(伊波),57上,58下,60上,60下,64上
頼忠(藤原)　26下,49上(太政大臣)
頼長(藤原)　76下
頼通(藤原)　53下(多津),61上(摂政),63上(摂政)(内大臣),64上(摂政)(内大臣),66上(殿下),66下(宇治殿),67下(左大臣)(関白)
頼定(源)　53下,64上
頼平(藤原)　84上
頼隆(清原)　91上

リ

理綱(紀)　39下
利子内親王　90上(皇后)(式乾門院)
立子(藤原)　86上(中宮)(東一条院)
理髪人　→経房(源)
理平(三統)　9上
隆家(藤原)　56上
隆覚(僧)　76上(別当法印),77下,78上
隆季(藤原)　78上,79上
隆姫女王　67下(源朝臣)
隆衡(藤原)　82上,83下,84上,85上,85下,86下
隆綱(源)　71下,72上
隆国(源)　71下
隆資(藤原)　71上
隆俊(源)　68上(中将),69下,71上,72上
隆職(小槻)　80下
隆親(藤原)　87上,89下(別当)
隆信(僧)　74下
隆清(藤原)　84上
隆仲(藤原)　84上
隆忠(藤原)　79下,80下,83上(左大臣),83下(上卿),84下(左大臣)
隆保(藤原)　82上
隆方(藤原)　71上
隆房(藤原)　80下
利用(長岑)　9上(主鈴)
良基(山)　43下
良業(清原)　81下,83下
良経(藤原)　58下(少納言),59下,60上,81上(上卿)
良資(藤原)　54下
良実(藤原)　90上(左大臣)(大臣)
亮子内親王　80上(皇后)(殷富門院)(女院)
両丞　→懐忠(藤原)・国光(藤原)
両省丞　→懐忠(藤原)・国光(藤原)

良盛(大江)　81下
良世(藤原)　5下,6下(右大臣)
良相(藤原)　4上(左大将)
両大臣　→兼経(藤原)・良平(藤原)
両大夫　→家経(藤原)・公房(藤原)
良文(平)　23上
良平(藤原)　84下(皇后宮権大夫),86上(九条大納言),86下,87上(九条大納言),88上(内大臣)(大臣),88下(大臣)(内大臣)(左大臣),89上(両大臣)(左大臣)(大臣)
良輔(藤原)　85上(右大臣)(左大臣),85下(大臣)(左大臣)
良茂(多)　54上

レ

麗子(藤原)　85上(中宮)(陰明門院)
麗子女王　33上,33下(褰帳),34下(褰帳者)
礼子内親王　85下
冷泉天皇　12下(旧主),37下(皇子),38上(皇太子),38下(皇太子),39上(憲平親王)(皇太子),39下(東宮)(儲君)(皇太子),40上(皇太子),40下(東宮),41下(東宮)
令問(藤原)　16上
連量(賀茂)　46上

ロ

六位進　→資国(藤原)
魯聖　→周公旦

ワ

若宮　→後朱雀天皇

あとがき

この『外記日記逸文集成』は、木本・池田を中心として二〇一六年頃から続けてきた研究会において輪読を進め、『龍谷大学日本史学研究』四〇～四六号に「外記日記逸文集成㈠～㈥」として年代順に発表してきたものをベースとし、既発表分以後や補遺の条文、索引などを付して今回刊行することとなりました。

研究会の運営担当であったため、今回の編集も担当させていただきましたが、大学図書館や合同研究室で開催していた研究会も、コロナ禍の影響により、オンラインで行わざるをえなくなり、校正・索引製作も非常に苦労しましたが、このように一冊に纏めることができました。

公日記としての『外記日記』は、既刊史料や未刊史料に逸文が引用されるにとどまる逸書であり、いまだまとまって史料紹介などの形で刊行されたことはありません。本書が公卿日記と相違して、短文とはいえ平安時代の四百年間にわたっており、そのために広範な年代の時代背景や儀式の内容、そして政治動向や公卿の行動の把握と通暁に資することを願っています。

なお、今回の編者以外に、これまでの研究会には安達恵祐・佐藤里奈・藤井孝章・造酒豊・村田和崇各氏が参加され、ともに輪読をすすめてきましたので、ここにご紹介させていただきます。

最後に、編集刊行に関して大変お世話になりました岩田書院岩田博氏に、心より感謝申し上げます。

令和六年十二月

小松　正弥

【編者紹介】

池田 光佑（いけだ・こうすけ）
1988年・奈良県生まれ、龍谷大学大学院文学研究科博士後期課程単位取得満期退学、奈良時代・平安時代初期政治史、芸能史。
「喪葬令親王一品条にみえる遊部について」（木本好信編『古代史論聚』岩田書院）、「氏族の芸能伝承について―安倍氏と吉志舞を例として―」（角南聡一郎・丸山顕誠編『神話研究の最先端』笠間書院）、「氏族の芸能伝承について補論―吉志舞の由来譚と安倍氏―」（篠田知和基・丸山顕誠編『神話研究の最先端2』笠間書院）。

小松 正弥（こまつ・まさや）
1995年・長野県生まれ、龍谷大学大学院文学研究科博士後期課程在学、奈良・平安時代の儀礼史・宗教史・政治史、近世の宗教文化史。
「一代一度仏舎利使における神分度者」（木本好信編『古代史論聚』岩田書院）、「即位儀礼と仏教―大仁王会の成立に影響した『仁王経』の受容と活用」（角南聡一郎・丸山顕誠編『神話研究の最先端』笠間書院）、「養老神祇令即位条と大神宝使」（『龍谷大学古代史論集』5）、「国分尼寺と光明皇后―『法華経』の関係から―」（『龍谷大学古代史論集』6）。

奥　武輝（おく・たけき）
1999年・大阪府生まれ、龍谷大学文学部卒業、平安時代政治史。
「「摂行天下之政」に関する一考察」（『史聚』55）

木本 好信（きもと・よしのぶ）
1950年・兵庫県生まれ、元・龍谷大学文学部教授、奈良時代政治史、博士(学術)。
『藤原仲麻呂』（ミネルヴァ書房）、『藤原南家・北家官人の考察』（岩田書院）、『奈良時代貴族官人と女性の政治史』（和泉書院）、『平安朝日記と逸文の研究』（おうふう）。

元治 豊光（げんじ・とよみつ）
1953年・大阪府生まれ、龍谷大学大学院文学研究科修士課程修了、平安時代経済史・政治史。
「藤原師通の政治志向と父師実との親子関係」（『龍谷大学古代史論集』4）、「位禄支給崩壊についての考察」（『龍谷大学古代史論集』5）。

丸山 顕誠（まるやま・あきよし）
1982年・奈良県生まれ、花園大学国際禅学研究所客員研究員、デジタルハリウッド大学非常勤講師、日本女子大学非常勤講師、日本神話、神道祭祀、神話-宗教哲学、博士(日本言語文化学)。
『祓の神事』（三弥井書店）、『現人神となる神事』（三弥井書店）、『神話を読んでわかること』（原書房）。

外《げ》記《き》日《にっ》記《き》 逸《いつ》文《ぶん》集《しゅう》成《せい》

岩田書院 史料選書 9

2025年(令和 7 年) 1 月　第 1 刷　600部発行

定価[本体2200円＋税]

編　者　池田光佑・小松正弥
奥　武輝・木本好信・元治豊光・丸山顕誠

発行所　有限会社岩田書院　代表：岩田　博　http://www.iwata-shoin.co.jp
〒157-0062 東京都世田谷区南烏山4-25-6-103　電話03-3326-3757　FAX03-3326-6788
組版・印刷・製本：ぷりんてぃあ第二

ISBN978-4-86602-177-5 C3321 ¥2200E